Josef Sudbrack · KREUZGÄNGE

Josef Sudbrack

KREUZGÄNGE

Ordnungen des Lebens

Mit einem kunsthistorischen Beitrag von Karl Kolb

echter

CIP-Kurztitelaufnahme der Deutschen Bibliothek

Sudbrack, Josef:
Kreuzgänge : Ordnungen d. Lebens / Josef Sudbrack.
Mit e. kunsthistor. Beitr. von Karl Kolb. –
Würzburg : Echter, 1983.
ISBN 3-429-00845-X

Gesamtherstellung: Echter Würzburg
Fränkische Gesellschaftsdruckerei und Verlag GmbH
ISBN 3-429-00845-X

Inhalt

7 Gehen mit dem Auge – Schauen mit dem Herzen
9 Die Ordnung Gottes
13 Der Rhythmus des Heiligen
17 Der Garten der Natur
21 Der Raum des Friedens
25 Der Atem der Geschichte
29 Die Gegenwart des Ewigen
33 Der Quell des Lebens
37 Der Gang zum Herrn
41 Berufen von Anbeginn
45 Folgend seinem Wort
49 Voll Freude und Jubel
53 In Trauer und Schmerz
57 Vor seinen Augen
61 Geborgen im Geheimnis
65 Zusammengeführt im Geist
69 Hoffend auf den Herrn

Karl Kolb

73 Der Kreuzgang
78 Kreuzgang – cloître – chiostro – cloister
81 Die architektonische Gestaltung der Kreuzgänge
85 Die Bedeutung des Kreuzgangs
86 Rund um den Kreuzgang
Der Kapitelsaal – Das Refektorium und das Brunnenhaus –
Die Marienkapelle – Das Simandron
93 Außergewöhnliche Kreuzgänge
Brou – Mont Saint-Michel – Saint Honorat – Sainte-Marie de la Tourette

Gehen mit dem Auge – Schauen mit dem Herzen

»Mein Herr und mein Gott, meine Augen richten sich auf dich; bei dir berge ich mich« (Psalm 141,8)

Ist nicht das Vorhaben dieses Buches von vorneherein zum Scheitern verurteilt? Wie kann man Architektur auf Bildern meditieren? Und es geht ja nicht nur um irgendwelche Bauten, sondern um Kreuzgänge. Kreuzgänge sind zum Gehen geschaffen: besinnlich auf und ab schreiten, dabei die Atmosphäre mit halbgeschlossenen Augen einatmen; Licht und Schatten der Säulen an sich vorübergleiten lassen; die Schönheit des Gartens unter dem Wolkenhimmel betrachten; hier und dort stehenbleiben und die Figuren eines Kapitells entziffern oder das bunte Fresko im Gewölbe deuten. Kreuzgänge müssen »ergangen« werden – so wie man eine Landschaft durchschweift, neue Wege findet, sich am Bach ausruht und im Unterholz nach Walderdbeeren Ausschau hält.
Kreuzgänge führen zum Heiligtum. Sie verbinden die Tageszeiten des mönchischen Lebens: Erwachen, Waschen, Beten, Essen, Arbeiten, Erholen und Sichhinlegen zum Schlaf. Alles wird eingesammelt auf dem Weg zum Opus Dei, zum Gottesdienst, dem nach Benedikt »nichts vorgezogen« werden soll. Kann man diese Räume und Zeiten, diese Dreidimensionalität von Gängen, Säulen und Gewölben und ihr zeithaftes Ausgreifen in den Lauf der Stunden, Tage und Jahre ablösen vom Leben und ins Schwarzweiß eines Fotos bannen?
Dieses Buch bringt zwar Meisterwerke der Fotografie, die nicht nur alte Kunst bieten, sondern selbst Kunstwerke sind. Sie schenken einen Eindruck vom Leben der romanischen und gotischen Kreuzgänge. Aber wer dieses Buch in die Hand nimmt, soll nicht nur zum Anschauen hingeführt werden, sondern ist eingeladen, sich in die Erfahrung, in die Meditation der Kreuzgänge einzulassen. Dazu wären erbauliche

Ausführungen des Autors, die anhand der Bilder sentimentale Gefühle des Lesers hervorrufen, nur hinderlich. Auch das besserwissende Belehren, das noch einmal zeigt, was der Betrachter sowieso sieht, würde die Freude des Entdeckens mindern, ihn zur Passivität verurteilen.
Bei Rainer Maria Rilke, im Stundenbuch »Vom mönchischen Leben«, fand ich einen besseren Weg, der die Bilder zur lebendigen *Begegnung* aufschließt: Erzählen! Die innere Geschichte eines Mönchs, der im Kreuzgang die Ordnung seines Lebens findet, ist nicht einfach ein Roman; sondern in die Erzählung hinein sind Erfahrungen zu weben, die man selbst, die andere im Kreuzgang und auch vor den Bildern machen. Eine Bewegung soll vom Text angeregt in die Bilder hineinführen, so daß man mit den Augen den Weg des Mönchs verfolgen kann und zugleich mit dem Herzen zu schauen vermag, was die Kreuzgänge an Erfahrung schenken.
Es kann sich dabei nicht um Einzelheiten handeln, die in historischer Genauigkeit auszubreiten sind. Dafür stehen im zweiten Teil des Buches genügend Auskünfte bereit. Wichtig ist, daß die Botschaft des Kreuzgangs, des gemeinsamen Lebens vor Gott, der Hinwendung zu seiner Botschaft und des Hingehens zu Jesus hörbar, sehbar, erfahrbar wird. Der betrachtende Leser kann sich einschalten in den Dialog zwischen Bild und Text; viele Fragen und Lücken laden dazu ein. Er kann Bezüge aufdecken, Bilder ausmalen, Wege weitergehen, Gespräche fortführen, Fragen stellen und beantworten. Er möge eigene Erfahrungen einbringen und dadurch die inneren wie äußeren Erlebnisse von Bild und Text vertiefen.
In einem solchen Dreigespräch zwischen Bild, Text und Leser blüht die Atmosphäre der Kreuzgänge auf, werden Raum- und Zeitgefühl der Architektur lebendig. Die Meditation des lesenden Betrachters wird zu einem Gehen mit dem Auge und einem Schauen mit dem Herzen.
Die Erinnerung an einen konkreten Kreuzgang oder später einmal die lebendige Begegnung mit einem Kreuzgang erweitern die Erfahrungen des Buches. Es ist die Erfahrung der Mönche, die in diesen Kreuzgängen zu Hause sind; die Erfahrung von Jesus Christus, der im Willen des Vaters den Gang seines Lebens unternahm, der in den Kreuzgang von Golgota mündete. Dort schenkte er uns die Hoffnung, von der die Kreuzgänge künden; sie soll auch unsere Erfahrung werden.

Die Ordnung Gottes

»Birg mich im Schatten deiner Flügel« (Psalm 17, 8)

Seit zwei Wochen trägt Theodulf den Habit der schwarzen Mönche. Er ist darauf genauso stolz wie auf seinen neuen Namen, den ihm Vater Abt im Anklang an den Taufnamen Dietolf gab. Er klingt so feierlich wie die Namen der heiligen Geräte, die ihm Bruder Sakristan gezeigt hat; wie die lateinischen Bezeichnungen Dormitorium für den Schlafsaal und Refektorium für den Speisesaal; wie der Choral, den er schon in der Knabenschola des Klosters mitsingen durfte.

Auch im Habit fühlt er sich wohl; unter dem weiten Gewand werden selbst schnelle Schritte würdevoll, und das langsame Gehen bekommt vom schweren, auf die Füße fallenden Stoff einen gemessenen Rhythmus. In den weiten Ärmeln kann man die Hände verbergen. Und wenn Theodulf die Kapuze über seinen Kopf zieht, klingt in seinen Ohren der Gesang vom feierlichen Amt nach. Wie schön ist es, mit den Brüdern Gott zu lobpreisen, ihm zu singen.

Nur mit dem Kreuzgang kommt der junge Mönch noch nicht zurecht. Sind diese rechtwinklig aufeinander zulaufenden Gänge zum Gehen oder zum Beten bestimmt? Manchmal kitzelt es ihn unter den Fußsohlen; kreuz und quer möchte er von Säule zu Säule tollen. Doch Theodulf muß seinen Übermut zügeln. Die schweren Sandsteinplatten im Fußboden befehlen Ruhe, und von den Gewölben und den Kapitellen mahnen heilige und unheilige Gestalten zur Ehrfurcht. Nur gelegentlich gelingt es Theodulf, leise zu singen und durch die Zähne zu pfeifen – wenn Vater Abt weit weg ist und eine Amsel im Hof zum Mitträllern einlädt. Bruder Elias, der die Blumenbeete im Innenraum pflegt, schaut dann vorsichtig von der Arbeit auf und lächelt ihm zu. Theodulf geht weiter durch die Gewölbe mit jenem seltsam verhaltenen Schritt, mit dem Kinder sich zwingen, nicht zu hüpfen und zu springen. Er nimmt den längeren Weg vom Refektorium zum Dormi-

torium. An Küche und Keller hat er geschnuppert, was zu Mittag auf dem Tisch stehen wird; hineinzuschauen durch die Fensterluken wagt er nicht. Er geht an der Kirchenmauer vorbei und macht dort, wo er den Tabernakel weiß, ein Kreuzzeichen.
Vor dem Dormitorium, hinter dem sein Noviziat liegt, wendet er sich um, schaut durch die Säulen ins Geviert des Innenhofs und sieht auf der Seite – nach Süden – die Mauern der Kirche über den Kreuzgang hinauswachsen. Sie überragt die ganze Anlage – nicht erdrückend, sondern behütend, Richtung weisend nach Osten, dorthin, wo Jesus lebte.
Theodulf atmet tief durch und beginnt nun die Ordnung seines Zuhauses zu erahnen. In das Geviert des Kreuzgangs ist sein Leben eingeborgen, hinein-verborgen. Er spürt unmittelbar, was er heute morgen von den »Flügeln Gottes« gesungen hat. Die Ordnung, die er beim Gang durch die Säulenhalle erlebt hat, flößt ihm Sicherheit ein. Weisheit liegt über allem: dem Aufstehen wie dem gemeinsamen Mahl, über dem Unterricht wie über dem gemeinsamen Beten; Weisheit Gottes, Ordnung des Lebens, Geborgenheit für ihn, den jungen Mönch.
Theodulf weiß sich hineingenommen in die Gemeinschaft der Brüder, in ihr Reden und Schweigen, in ihre Geschäftigkeit und auch in ihre Sorgen. Er weiß sich eins mit den Jungen, die mit ihren hellen Knabenstimmen den feierlichen Choralgesang aufschwingen lassen nach oben; eins mit den Alten, die auf den Greisenstab gestützt im Kreuzgang Erholung suchen. Er weiß sich hineingenommen in die Ordnung, die nach Gottes Maß eingerichtet ist.
Theodulf beginnt zu beten:

Vater, laß mich bei dir zu Hause sein;
lenke meine Schritte nach der Ordnung deiner Liebe;
laß mich vor dir zum Lob deiner Schöpfung singen,
weil ich im Raum deiner Herrlichkeit leben darf.
Vater, nimm mein Leben unter die Flügel deiner Liebe,
deiner Weisheit, deiner Sorge, deiner Ewigkeit.
Vater, lenke meine Schritte so, daß sie überall dich finden;
öffne mein Herz, damit es überall dich sieht;
weite mein Dasein, damit es nur eines ersehnt:
»Birg mich im Schatten deiner Flügel.«

Dieses spanische Königskloster wurde zunächst von Mönchen des benachbarten Benediktinerklosters Irache (3 km südlich gelegen) besiedelt. Es entstand bereits im 10. Jahrhundert, nachdem die Mauren vertrieben worden waren. Irache war eine Station auf dem Pilgerweg nach Compostela.
Estella in Navarra, zwischen Pamplona und Logroño gelegen, nannten die Wallfahrer »Estella la Bella«. In dieser alten Residenzstadt der Könige von Navarra rasteten die Jakobspilger auf dem alten »Frankenweg« bei der »Madonna vom Berge«. Die Kirche San Pedro de la Rúa steht am Platz der alten Stadtburg. Als man 1521 die Burgteile in der Nähe sprengte, wurde auch der Kreuzgang beschädigt. Aus der Vielfalt des noch Vorhandenen zu schließen, bedauert man erst recht das Verlorengegangene. Immerhin blieben von den damals vier Galerien zwei, eine davon an der Kirche, erhalten. Diese Galerien tragen ein einfaches Dach auf Holzbalken, das zum Innenhof hin abfällt. Dort liegt es auf anmutigen Arkaden auf. Seine breiten Bögen ruhen auf Doppelsäulen, dazwischen immer wieder durch eine Viierersäule unterbrochen, bei der je zwei Säulen schräg gegeneinanderstehen. Die Kapitelle des Nordflügels zeigen die Passion sowie die Heiligen Laurentius, Petrus und Andreas, die des Westflügels Tier- und Pflanzenmotive. Die Kapitelle für die Doppelsäulen bestehen aus einem Stück. So gehören immer zwei Szenen zusammen, wie die Grablegung und die Auferstehung oder Adam und Eva, die aus dem Grab aufstehen, und Maria Magdalena mit Christus in der Szene »Noli me tangere«. Ein Doppelkapitell zeigt die Drei Könige vor Herodes, und auf einem anderen befiehlt Herodes dreien seiner Diener den Kindermord in Betlehem. Ferner sind der Besuch bei Elisabet und die Geburt dargestellt.
(Foto: Zodiaque)

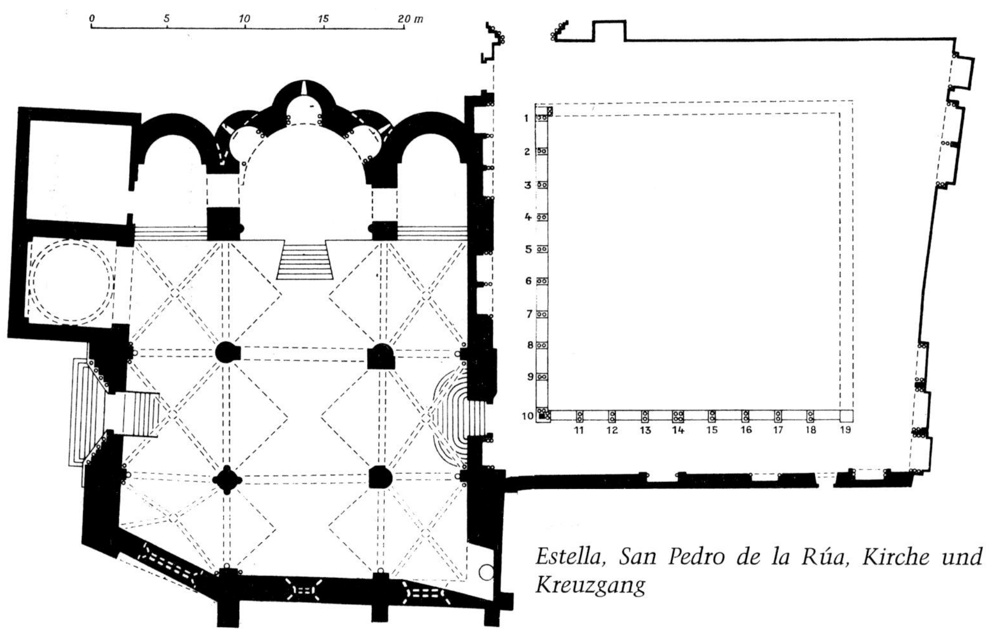

Estella, San Pedro de la Rúa, Kirche und Kreuzgang

Der Rhythmus des Heiligen

»Deine Weisung habe ich lieb,
siebenmal am Tag singe ich dein Lob« (Psalm 119, 163 f)

Jeder Weg an den Säulen des Kreuzgangs vorbei festigt in Theodulf das Gefühl der Geborgenheit. Das Gewölbe wird ihm zur Heimat.

Eines Abends kommt Bruder Elias auf ihn zu. Bei sich trägt er den kostbaren Kodex mit der Benediktusregel. Natürlich kennt Bruder Elias die Regel auswendig; aber er liebt die handgeschriebenen Sätze mit den bunten Initialen: »Wer im religiösen Leben und im Glauben voranschreitet, dem weitet sich das Herz, und mit der unsagbaren Freude der Liebe eilt er voran auf dem Weg der Gebote Gottes. So wollen wir die Schule des Meisters nie verlassen.«

»Ich sah dich umhergehen«, beginnt Elias, »wie du den Sinn des Kreuzgangs mit den Schritten deiner Füße und den Gedanken deines Herzens zu ergründen suchtest. Noch viel Zeit hast du – ein ganzes Leben –, um dich nach dem Rhythmus des Kreuzgangs zu formen. Er ist ein Bild des Paradieses, ein irdisches Abbild: Als vollkommen gilt der Kreis, die Kugel; mit seinen rechtwinkligen vier Seiten bildet der Kreuzgang diese Vollendung nach. In ihn hinein ist unser Leben eingelassen: das Beten vor Gott in der Kirche; das brüderliche Zusammensein im Speisesaal auf der gegenüberliegenden Seite. Ganz eng an der Hochaltarseite der Kirche schlafen die Mönche; Gott soll ihre Nachtruhe vor allen Ängsten in der Dunkelheit schützen. Dort wohnen auch Vater Abt und ihr Novizen. Arbeit und Ruhe, Miteinanderleben und Miteinandersein – alles ist eingefügt in das Bild der Vollendung. Nimm dir diese Ordnung zu Herzen, wenn du mit uns allen am Morgen zum Gotteslob gehst. Laß deine Gedanken dabei voraneilen zur Arbeit auf dem Feld, zum Studium mit Bruder Magister, zum gemeinsamen Mahl – aber füge alles wie zu einem Mosaik zusammen und bringe es durch die Kirchentür hinein ins Gebet. Dann ist dein Tag ge-

segnet, und am Abend wirst du die Früchte seiner Stunden mitbringen vor den Herrn.
Jedesmal, wenn wir uns zum Gebet versammeln, nimmst du ein Stück deines Lebens in die Hand und hältst dich selbst Gott entgegen.
Ich, ein alter Mönch, bringe so die Frucht meiner Jahre vor Gott; einmal darf ich diesen Gang vor Gott endgültig und für immer antreten – dann, wenn ihr meinen Leib vor den Altar tragen werdet.«
Am nächsten Morgen geht Theodulf mit ruhigen Schritten an den Säulen des Kreuzgangs vorüber. Hier und da steht ein Mitbruder zwischen ihnen und schaut in den Garten. Der Älteste im Kloster sitzt auf der Bank und sinnt nach. Worüber? Alle bereiten sich vor auf das gemeinsame Gotteslob in der Kirche. Zusammen werden sie in wenigen Minuten durch das Portal treten, hin zu ihm, dessen gekreuzigter Leib als gewaltiges Bild über dem Altar hängt. Theodulf spürt, daß sie Brüder sind, weil der eine Bruder Jesus für alle gestorben ist. Und so werden die Säulen des Kreuzgangs für ihn zu Bildern der lebendigen Gemeinschaft. Die eine Säule, die zum Kirchenportal führt, trägt ein Bild des Gekreuzigten, zeigt ihn, den ersten Bruder der Mönchsgemeinschaft.
Theodulf tritt durch das Portal in die Kirche. So soll das Gebet in ihm aufklingen: als eine der vielen Säulen, die im Kreuzgewölbe zusammenlaufen; es soll im Rhythmus der Mitbrüder, des »Kreuzgangs«, schwingen und sich emporheben zu Gott. Getragen von der Gemeinschaft – wie die Säulen nur im Miteinander Wind und Wetter trotzen können – erfährt Theodulf, daß er getragen ist von Jesus, dem ersten der Brüder, der ihm dieses Gebet schenkt, das sich auf seinen Lippen formt:

Jesus Christus, Sonne meines Lebens, Sonne für uns alle,
begleite mit deinem Licht meinen Tag,
begleite unser aller Mühen und Beten,
sei dort, wo ich mich freue und dir danken möchte,
sei dort, wo ich versage und nach Hilfe ausschaue.
Jesus Christus, dein Licht forme die Stunden meines Lebens,
deine Wärme durchströme den Rhythmus meines Tuns,
deine Liebe öffne die Verschlossenheit meines Betens.
Herr Jesus Christus, »deine Weisung habe ich lieb,
siebenmal am Tag singe ich dein Lob«.

Der Kreuzgang der Klosterfestung Mont Saint-Michel

Mont Saint-Michel liegt am Atlantik in der Bucht von Saint-Malo. Benediktinermönche lebten auf dieser kleinen Insel, die sie dem heiligen Michael weihten. Sein Bild krönt noch heute die Spitze des Kirchturms. Schon im 9. Jahrhundert erhielt der Felsen den Namen Mont Saint-Michel und war Ziel von Wallfahrern aus ganz Europa. Die Benediktinerabtei entwickelte sich so, daß sie bald auch zum Streitobjekt wurde. Durch ständige Verbesserungen war die Anlage im 14. Jahrhundert so weit gediehen, daß auch die Engländer die Klosterfestung nicht einnehmen konnten, obwohl es ihnen gelungen war, sich auf der gegenüberliegenden kleinen Insel Tombelaine festzusetzen.

Hier, wo die Enge dazu zwang, alles auf kleinstem Raum unterzubringen, sah man sich genötigt, den Kreuzgang auf dem Dach des Rittersaals einzurichten. Unter ihm liegen zwei weitere Stockwerke. Man verzichtete aber weder auf die Gartenanlage in der Mitte noch auf die Wandelgänge. Bei diesem Kreuzgang sind viele technische Kniffe angewendet worden, so daß eine Konstruktion entstand, die heute noch Bewunderung, auch moderner Baumeister, erregt.

(Foto: Zodiaque)

Der Garten der Natur

»Danket dem Herrn aller Herren, der die Himmel mit Weisheit geschaffen und die Erde auf die Wasser gegründet« (Psalm 136, 3–6)

Nach der Morgenmahlzeit, die die Mönche in gemeinsamer Stille zu sich nehmen, und nach der geistlichen Lesung geht Theodulf in den Garten. Vater Abt gab ihm den Auftrag, dem alten Bruder Elias bei der Pflege des Innenhofs zu helfen. Denn er weiß, daß die jungen Mönche dort auch manche geistliche Lebensweisheit erfahren.
Nachdem die beiden eine Zeitlang schweigend miteinander gearbeitet haben, stützt sich Bruder Elias auf den Spaten: »Was hältst du von diesem Fleckchen Erde?« Theodulfs Rücken schmerzt von der ungewohnten Arbeit, und er ist etwas neidisch auf seinen Mitnovizen, der in der Bibliothek mithelfen darf. So seufzt er unwillig: »Sollte man die Natur nicht wachsen lassen, wie sie will, so edel, ungestüm, wild? Warum sie mit Spaten und Harke zähmen?« Bruder Elias nimmt ihn zur Seite. In einem Busch zeigt er ihm ein Nest, in dem sechs weit aufgerissene Vogelschnäbel zu sehen sind. Sie warten auf Nahrung von den Vogeleltern. »Schau, wie es die Vögel machen. Mit den Zweigen und dem Laub der Natur bauen sie sich kunstvolle Nester. Ohne ihr Sorgen wäre das kleine Ästchen dort vergessen. Jetzt aber, in diesem Kunstwerk der Vögel, ist es eingebaut in das runde, bequeme Nest. Und die kleinen Vögel haben ein Heim.
Das hat Gott im ersten Buch der Bibel auch uns Menschen aufgetragen: Er setzte Adam in den Garten Eden, damit er ihn bebaue und behüte. Wir Menschen aber haben die Natur vergewaltigt. Der Turm von Babel ist ein Denkmal unserer Überheblichkeit. Wie viele solcher Türme gibt es! Vergleiche doch die schönen Bauernhöfe in deinem Dorf mit der kalten, grausamen Burg an der Flußbiegung. Hier ist Stolz und Herrschsucht; dort aber, bei euch zu Hause, haben die Menschen gezeigt, wie Natur und menschliche Pflege zusammenklingen können.

So wollen auch wir beide den Garten unseres Kreuzgangs pflegen, das Unkraut jäten, die Wege rechen, die Bäume beschneiden, die Früchte pflücken, die Blumen zum Altar bringen. Behüten und aufbauen wollen wir, nicht aber beherrschen und unterdrücken.
Wie oft hast du durch die Säulen in den Garten hineingeschaut! Wie harmonisch winden sich die Ranken der Büsche um die Säulen, wie lebendig setzt sich das Wechselspiel von Licht und Schatten in den Garten hinein fort! Wir beide tragen nun dafür Sorge, daß diese Harmonie stimmig bleibt, daß die Ranken nicht an den Säulen vertrocknen und das Kunstwerk der Säulen nicht von der Natur zerfressen wird.
Diesen Auftrag der Ordnung hat uns Gott mitgegeben – nicht Unterdrückung, sondern Aufbau, nicht Vernichtung, sondern Harmonie. Wie gut passen doch Sträucher im Geviert zu den Bogen der Säulen; wie ähnlich sind sich die Gewölbe im Kreuzgang und das Blätterdach der Bäume! Und wird nicht ein Stück des Himmelsgewölbes eingefangen von der Kuppel unserer Kirche, woran tüchtige Mitbrüder viele Jahrzehnte gearbeitet haben?«
Theodulf schweigt. Dann geht er durch den Garten auf den Turm der Kirche zu, der vor ihm aufwächst wie ein himmeltragender Berg. Leise beginnt er zu beten; doch sein Beten wird zum Lobgesang:

Mein Gott, wie schön hast du die Welt geschaffen!
Wie wunderbar ist die Natur in ihrer Buntheit!
Wie schlank sind Äste und Zweige, wie frisch
sind die Blätter, wie leuchtend die Blumen,
wie füllig die Sträucher, wie mächtig die Bäume!
Und wie schön ist der Mensch
im Garten deiner Schöpfung!
Mein Gott, ihn hast du zum Bewahrer deiner Wunder bestimmt,
mir hast du Kraft und Geist geschenkt,
den Garten deiner Schöpfung zu pflegen.
Mein Gott, gib mir Sinn zu pflegen, nicht zu herrschen,
gib Weisheit zu ordnen, nicht zu unterjochen,
gib Stille und Ausdauer, um hier zu beten.

»Danket dem Herrn aller Herren, der die Himmel mit Weisheit geschaffen und die Erde auf die Wasser gegründet hat.«

Der Kreuzgang der alten Kathedrale in Coimbra

Coimbra mit rund 50 000 Einwohnern ist neben Lissabon der kulturelle Mittelpunkt Portugals. Die Stadt stand bis zum Jahre 1064 unter der Herrschaft der Mauren.
Die als Wehrkirche gebaute Sé Velha (alte Kathedrale) in Coimbra wurde um 1160/70 von französischen Baumeistern geschaffen. Sie gilt als eines der bedeutendsten romanischen Bauwerke Portugals.
Der Kreuzgang stammt im wesentlichen aus dem späten 13. Jahrhundert. In der Renaissance stattete ihn Jean de Rouen weiter aus. Der Kreuzgang bietet ein Bild der Jahrhunderte: im Hintergrund der mit Zinnen versehene wehrhafte Turm der Sé Velha, an dem sich nach oben hin die Baustile aneinanderreihen; vorne der Kreuzgang, die runden, noch romanischen Doppelbögen auf einer leichten Säule mit Kapitell und breitem Abakus. Ein bereits spitzer Bogen rahmt den Zwickel mit Radfenster, dessen Form sich in jedem Abschnitt wandelt. Innen im Gang selbst dominiert die Renaissance. Alle Zeiten trugen so mit dazu bei, ein eindrucksvolles Bauwerk entstehen zu lassen.
(Foto: Zodiaque)

Der Raum des Friedens

»Sei still vor dem Herrn und harre auf ihn« (Psalm 37, 7)

Nach dem kurzen Gespräch mit Bruder Elias hat sich Theodulf wieder an die Gartenarbeit gemacht. Er weiß natürlich, daß die Ordensregel für diese Zeit der Arbeit Schweigen befiehlt. Aber Vater Abt hat noch gestern darauf hingewiesen, daß dieses Schweigen keine verbissene Verschlossenheit, sondern ein offenes Hören sein soll.
Die Worte von Bruder Elias aber helfen, das hörende Schweigen tiefer ins Herz einzulassen. Ist nicht manche Stille geschwätzig wie eine Schar zankender Elstern, und birgt nicht der jubelnde Chorgesang am Morgen mehr Schweigen in sich als die Einsamkeit der Nacht? Theodulf hört auf die stille Harmonie des Gartens: wie friedvoll fällt der Schatten der Bäume auf den Rasen; wie harmonisch laufen Gartenwege und Kreuzgang ineinander; wie unaufdringlich leise, aber deutlich erzählt das plätschernde Brunnenwasser vom Leben; wie behutsam nehmen die niedrigen Mauern mit den Säulen und den sie überwölbenden Bögen das schweigende Gespräch der Natur auf und geben es weiter in die Kirche, in den Speisesaal, die Schlafräume und das Kapitel; wie kühn greift der Flug der Vögel diese vielsagende Stille auf und trägt sie zum Himmel hoch – bis über die Wolken – bis zur Sonne, bis in die Ewigkeit Gottes hinein!
Theodulf erfährt Frieden; er erfährt ihn als ein großes Geschenk. Man kann ihn nicht handgreiflich machen, als sei jene Blume besonders still oder diese Begegnung mit Bruder Elias besonders friedvoll. Man kann nur warten, hören, bereit sein. Theodulf spürt, daß auch seine Gartenarbeit nichts anderes bewirken kann, als den Boden für diesen Frieden zu bereiten. Nach den Worten von Bruder Elias kündet ihm alles vom Frieden und klingt in der Harmonie der Stille zusammen. Bruder Elias hat ihm die Tür zu dieser Erkenntnis geöffnet. Wie wunderbar vereinigen sich die Erfahrungen: die Schönheit der Natur und die

Sorgfalt menschlicher Arbeit, der Anstoß der gütigen Worte und das Geschenk von Stille und Frieden. Denn alles dies – auch er selbst – ist ein Geschenk von Gott.
Beim Mittagsmahl werden Theodulf das Glück und die Menschlichkeit des inneren Schweigens und des geschenkten Friedens noch bewußter. Für den »Tisch der Brüder« mahnt der heilige Benedikt: »Es herrsche tiefes Schweigen, man höre kein Flüstern und kein Wort, außer die eine Stimme des Lesers. Was die Brüder beim Essen und Trinken benötigen, reichen sie einander selbst, so daß keiner um etwas zu bitten hat.« Welche Betroffenheit brachte doch das Schweigen zum Ausdruck, als vor drei Tagen die Nachricht über den tödlichen Absturz zweier Mitbrüder des Nachbarklosters verlesen wurde! Aus der gemeinsamen Trauer aber wuchs eine Gemeinsamkeit des Herzens – ohne daß es vieler Worte bedurft hätte. Und darin wiederum erblühte ein hoffender Friede, der auch noch den Schmerz umgriff.
Überall, bei Tisch, im Garten oder in der Kapelle lebt Theodulf in diesem Frieden. Einmal ist es Jubel, ein anderes Mal Stille. Auch wenn Theodulf glaubt, nur Dunkelheit und Nacht zu erfahren, wartet Gott gerade dort und schenkt stilles Geborgensein.
Für Theodulf gibt es keinen Ort im ganzen Kloster und keine Zeit mehr, auch nicht die der mühsamen Gartenarbeit, in der nicht der stille und jubelnde Friede Gottes herrscht. Doch gerade der Kreuzgang, der alle Räume verbindet, schenkt ihm die Gewißheit, daß er in diesen Frieden hineingehen darf.
Theodulf betet und wird dabei immer stiller:

Du Gott meines Friedens, überall ist dein Geist,
wo Friede wächst und Heimat blüht,
wo Menschen zueinanderfinden.
Du Gott meiner inneren Stille, überall bist du,
wo Menschen aufeinander hören, miteinander sprechen,
wo sie sich finden im Gesang der Stille.
Du Gott überreicher Gnade, überall schenkst du dich,
laß uns teilhaben an deiner Liebe
und von daher all unseren Frieden empfangen:
»Sei still vor dem Herrn und harre auf ihn.«

Der Kreuzgang von Fréjus

Fréjus liegt am Mittelmeer westlich von Cannes am unteren Ende des Tals von Argens. Bereits im Jahre 374 erwähnt das Konzil von Valence eine christliche Gemeinde in Fréjus.
In der zweischiffigen Kathedrale ist das südliche Hauptschiff der Gottesmutter geweiht, das andere dem heiligen Stephan. Von hier aus gelangt man in den nordöstlich gelegenen Kreuzgang. Alte Texte berichten um 1038 von Domherren an der Kathedrale, aber der Kreuzgang stammt erst aus dem 13. Jahrhundert, er ist also etwas jünger als die Kathedrale.
Ursprünglich besaß der Kreuzgang zwei Stockwerke, die aber nur teilweise erhalten geblieben sind. Die Arkaden ruhen auf Marmorzwillingssäulen mit Blattwerkkapitellen. Man erkennt da und dort, daß versucht wurde, ein Kreuzgratgewölbe zu schaffen, doch kehrte man wieder zu der wunderbaren Kiefernholzdecke zurück, die im 14. Jahrhundert bemalt wurde. Die Befürchtung, ein schweres Gewölbe könne die Galerien auseinanderdrücken und so zum Einsturz bringen, war wohl berechtigt. Nahezu einmalig ist der steinerne Ziehbrunnen im Hof des Kreuzgangs.
Fréjus, das wie Cannes, Saint-Honorat usw. zu einem Küstenverteidigungssystem gehörte und sich aus dieser Zeit den alten Turm mit den Zinnen bewahrte, hat eine bewegte Geschichte, die sich in der Architektur niederschlägt.
(Foto: Zodiaque)

Der Atem der Geschichte

»Vor ihm sollen alle sich niederwerfen, die in der Erde ruhen«
(Psalm 22,30)

Von Kindheit her war Theodulf gewohnt, auf dem Friedhof vor der Kirche die Gräber der Großeltern zu besuchen, um dort zu beten. Es war ein Schritt nur durch das Kirchenportal auf das schmiedeeiserne Kreuz zu – zusammen mit den Eltern am Sonntag nach dem Hochamt; doch dieser kurze Weg führte wie in eine andere Welt.

Hier aber liegen die Toten im Kreuzgang begraben, gehören in den Alltag des Lebens. Täglich, stündlich geht Theodulf über die schweren Grabplatten und an den Grabmälern, den Figuren, den Kreuzen vorbei; er schaut in die aus Stein gehauenen Gesichter des Gründerabtes und des Priors, der vor vielen Jahren den Kreuzgang errichtete. Seltsam, als Lebender mitten unter den Toten einherzugehen! Anfangs hatte Theodulf ein beklemmendes Gefühl. Doch im Rhythmus des Klosterlebens fielen diese Ängste ab.

Tagtäglich darf er doch in der Kirche – während der Eucharistiefeier und des Stundengebetes – einstimmen in das Bekenntnis: Jesus hat den Tod besiegt! Jesus ist Herr über die Unterwelt! Wer ihn anschaut, hat das ewige Leben, darf – als Verstorbener wie als Lebender – das neue Leben und den ewigen Frieden für Leib und Seele erwarten! Der Weg an den Gräbern vorbei wird zum Gang durch die Geschichte der Hoffnung: Der Weltenrichter über dem Hauptportal der Kirche öffnet die Tür zur Wahrheit der Verheißung: Christus ist auferstanden! Mit uns in Liebe verbunden erwarten die Toten den Tag seiner Wiederkunft! Wir leben in der Hoffnung auf die Ewigkeit!

Im Unterricht bei Pater Magister wird für Theodulf diese Geschichte der Hoffnung konkret und vertraut. Er tritt in die Nähe dieser großen Gestalten der Vergangenheit; er erfährt die Weite, in die hinein ihn die schwarze Kutte des mönchischen Lebens eingegliedert hat: Von weither kam der Gründerabt mit seinen zwei Gefährten. Und deshalb dankt Theodulf dem toten Abt, daß er die Mühen auf sich nahm und alle Gefahren bestand, um seinen Ahnen das Christentum zu schenken. Er dankt ihm, daß er dieses Kloster, dieses kleine Paradies gegründet hat.

Wenn Theodulf nach einem solchen Unterricht nachdenklich durch den Kreuzgang geht, erfährt er sich als ein Glied in der großen Kette von Menschen, die weit in die Vergangenheit hineinreicht, die ihn mit vielen Mitbrüdern verbindet. Und er freut sich schon, daß bald wieder ein junger Mönch in diese Kette der Tradition eingegliedert werden soll.

Theodulf geht in die Bibliothek, wo er im dicken Buch der Weltgeschichte den schmalen Traditionsstrom seines Klosters verfolgen möchte. Da weitet sich nochmals sein Gesichtskreis. Bilden nicht alle Menschen eine Kette miteinander? Hat Gott nicht alle Menschen nach seinem Bild und Gleichnis geschaffen? Hat er sie nicht alle durch das Blut Jesu Christi erlöst? Theodulf fühlt sich geborgen in diesem von Gott gesegneten Menschengeschlecht.

Er beginnt zu beten. Er spricht die Psalmworte, die vor über zweitausend Jahren gedichtet und im Ablauf der Generationen stets neu gesungen wurden. Er spricht Worte, die ihn mit der Ursehnsucht aller Menschen vereinen, ob noch unmündig, ob im Heidentum, ob im Licht Christi. Theodulf fühlt sich getragen von der uralten Tradition und zugleich verantwortlich für die vielen, deren Sehnsucht er im Gebet aufgreifen und aussprechen darf:

Herr Jesus, du bist einer von uns geworden,
einer aus der Kette aller Menschen.
Herr Jesus, in dir liebt uns der Vater,
er liebt einen jeden von uns Menschen.
Herr Jesus, meine Stimme ist eine in der Kette aller Menschen,
laß mich aussprechen, was alle Menschen ersehnen,
laß mich suchen, worin wir Menschen eins sind
und wo ich jedem Menschen begegnen darf.
Herr Jesus, laß in meinem Wort die Stimme aller aufklingen:
»Vor dir sollen alle sich niederwerfen, die in der Erde ruhen.«

Der Kreuzgang des Kartäuserklosters in Nürnberg

Das ehemalige Kartäuserkloster in Nürnberg ging 1380 aus der Stiftung der »Marienzelle« genannten Kartause hervor. Später kam es an die Stiftung »Germanisches Nationalmuseum«.
Die östliche Galerie des großen Kreuzgangs mit Kreuzrippengewölbe wurde im 19. Jahrhundert renoviert. Das Bild vermittelt eine Vorstellung von der ungewöhnlichen Länge der Galerien, aber auch von den ständig notwendigen Reparaturarbeiten.
In allen Kreuzgängen fanden die Mönche und Äbte wie auch die Domherren ihre letzte Ruhestätte. In manchem Kreuzgang liegen die Grabplatten heute noch am Fußboden, wie im Kreuzgang des Münsters in Bonn, in Zwettl, Santes Creus usw. In Nürnberg aber verlegte man sich darauf, viele solche alten Grabplatten zu sammeln; sogar Grabkreuze stehen dazwischen. Was einstmals Ausdruck der Verbundenheit zwischen den Lebenden und den Toten eines Klosters war, wurde hier zum vernachlässigten Museumsgut.
(Foto: Marburg)

Die Gegenwart des Ewigen

»Gepriesen sei sein herrlicher Name in Ewigkeit!
Seine Herrlichkeit erfülle die ganze Erde. Amen, ja Amen« (Psalm 72, 19)

Wie wohl tut es, unter den Gewölben, an den Säulen des Kreuzgangs vorbeizugehen, einfach zu gehen, Fuß vor Fuß, Schritt auf Schritt. Wenn ich mich unbeobachtet weiß, vergesse ich manchmal die Mahnung zu gemessenem Gang, werfe den Kopf zurück, so daß die Kapuze auf den Rücken fällt, und breite die Arme aus – in einem großen Bogen nach oben. Als Junge habe ich ja oftmals so die Natur erlebt; ich habe beim Hüten der Kühe über die Wiese geschaut, bin dann aufgesprungen und habe gesungen. Ob ich nicht damals auch schon dich, meinen Gott, erfahren durfte, in der Weite des Himmels, in meiner ausgelassenen Freude?
Hier im Kreuzgang meines Klosters sind diese Erfahrungen zu Stein geworden, den man betasten, erfühlen und begehen kann. Mein Aufschauen nach oben und deine behütende Hand über mir verbinden sich im Zeichen dieser Gewölbe. Die Säulen sind steingewordenes Gebet. Sie sind meine Arme, die ich ausbreite. Meine Augen, die den Bogen deiner Güte ausmessen, sind mein Herz, das überfließt vor Dankbarkeit und Ehrfurcht.
Solche Gedanken bewegen Theodulf, wenn er durch die Hallen des Kreuzgangs geht und seinem Schritt nachhorcht. Er bleibt stehen, befühlt mit der Hand den körnigen Stein der Säulen, gleitet an ihnen entlang, als wolle er die Größe Gottes abtasten. Von Säule zu Säule geht er und läßt Erinnerungen in sich wachwerden, wie Gott ihn durch all seine Jahre begleitet hat; daß er ihm die Mutter geschenkt hat, die ein lebendiges Bild der Güte Gottes war; daß er ihn in die herrliche Natur geführt hat, mit ihren Bergen und Wäldern und Bächen.
Theodulf kennt auch bittere Erfahrungen; etwa als er sich einmal in den Bergen verirrte und der Himmel schwarz vor Gewitter wurde. Im

Irrgarten des Alleinseins ergriff ihn Furcht: Wer kann dir in solcher Not wirklich beistehen? Wohin gehörst du? Damals fand ihn der Vater, und Theodulf barg den Kopf an seiner Brust. Die Angst löste sich in Vertrauen. Und in solchem Vertrauen spürt Theodulf die Güte des ewigen Vaters, die Güte Gottes, der uns seinen Sohn gesandt hat. Damals war es, als er, befreit von der Angst, zum erstenmal den Wunsch äußerte, Mönch zu werden. Jetzt ist das Kloster seine Heimat geworden; die Mönchsgemeinde des heiligen Benedikt hat ihn aufgenommen, und der Abt ist sein Vater geworden.
Theodulf weiß sich geborgen. Unter den Mitbrüdern ist er eine der Säulen, die gemeinsam das Gewölbe des Vertrauens tragen. Ihr aller Gebet formt diesen Raum der Geborgenheit. Jeder einzelne zählt; und doch ist erst die Gemeinschaft das Ganze, das jedem einzelnen unter ihnen Sinn und Erfüllung gibt.
Die Schritte verlangsamen sich. Die Erfahrung des Säulengangs wird »durchsichtig« auf Gott hin. Seine gütige Hand wird hier fühlbar. Sie trägt das Leben von uns allen.
Ewigkeit und Zeit fließen ineinander: Gottes Weite und der Raum der Brüder; Gottes Güte und die Scherze der anderen Mönche; Gottes Ewigkeit und die Minuten, die Stunden, die Tage, während derer Theodulf durch den Kreuzgang geht. Alles verbindet sich zur Einheit, wie auch Gottes Ewigkeit sich der Zeitlichkeit des Menschen Jesus verbunden hat. Theodulf bleibt vor einem Fresko der Menschwerdung Gottes stehen: das kleine Kind, das den Unbilden der Zeit ausgeliefert ist bis zum Kreuz und von dem die Engel singen, daß es Gottes Messias und das Heil der Welt ist.

Menschgewordener Gott,
das Größte und das Kleinste werden eins in dir,
Gottes Ewigkeit und die Krippe der Hirten,
Gottes Unendlichkeit und der Leib des Kindes.
Menschgewordener Gott, überall sprichst du zu mir,
wo ich im Geringen der Welt den Anspruch des Ganzen sehe,
wo ich im Vorübergang der Zeit Ewigkeit erspüre.
»Gepriesen sei dein herrlicher Name in Ewigkeit.
Deine Herrlichkeit erfülle die ganze Erde. Amen, ja Amen!«

Mont Saint-Michel

Das alte Benediktinerkloster auf dem Felseneiland in der Bucht von Saint-Malo wurde notgedrungen übereinandergebaut. So liegt der Kreuzgang auf einem Dach.
Das Bild der Nordgalerie des Kreuzgangs gewährt eine Vorstellung von der großartigen technischen Lösung: Der Aufriß zeigt, daß der Kreuzgang praktisch auf den Gewölbezwickeln des Rittersaals ruht und auf der gleichen Höhe wie das Refektorium und die Abteikirche liegt. So wurde die Konstruktion – die so leicht wie irgend möglich sein mußte – das Produkt eines ausgeklügelten Kunstgriffs. Man verzichtete darauf, die Säulen mit der inneren Mauer zu verbinden, die dem Druck des Gebälks und des Daches am stärksten ausgesetzt war. Statt dessen entschied man sich für eine Fünfpunkteanordnung und verband dazu die feinen Säulen in ihrem Scheitelpunkt durch Diagonalbögen. Die Abstufung dieser beiden Reihen von kleinen Säulen, jeweils um einen halben Zwischenraum versetzt, verleiht dem kleinen Kreuzgang außerdem den Eindruck von Weite und Unendlichkeit.
In dem Pflanzengerank der zahlreichen kleinen Kapitelle entdeckt man auch ikonographische Themen. Darunter ist die Darstellung des heiligen Franziskus, der im Jahre 1226 in Assisi starb und 1228 heiliggesprochen wurde, in demselben Jahr, als dieser Kreuzgang fertiggestellt wurde. Es handelt sich also um eine der ältesten Darstellungen des »Poverello«.
(Foto: Zodiaque)

Der Quell des Lebens

»Und sie werden beim Reigentanz singen:
All meine Quellen entspringen in dir« (Psalm 87, 7)

Bruder Elias kommt ins Brunnenhaus. Rechts und links trägt er je einen großen Krug, mit dem er Wasser für seine Blumen schöpfen will. Es ist das gleiche Haus, in das auch die Gäste geführt werden, wie es die Regel gebietet: »Der Abt reiche den Gästen das Wasser für die Hände. Der Abt wie auch die ganze Gemeinschaft waschen allen Gästen die Füße.«

Theodulf geht langsam hinzu, schaut ins klare Wasser und durch dessen spiegelnde Fläche hindurch bis auf den Grund. Er wirft einen Kieselstein in den Brunnen. Sie schauen den Wellenbewegungen nach. Wie lustig sich die Spiegelbilder ihrer Gesichter verzerren; die Konturen verschwimmen, fließen ineinander, lösen sich auf, und allmählich finden die Spiegelbilder wieder zur ursprünglichen Form zurück. Sie lächeln sich über ihre Gegenbilder an.

»Wie lebendig ist doch das Wasser«, meint Theodulf. »Wie lebendig und lebenspendend«, greift Bruder Elias auf. »Deshalb haben unsere Väter in den Kreuzgang einen Brunnen gegraben. Vielleicht war dieser Brunnen sogar der erste Bau des ganzen Klosters. Denn wer kann ohne Wasser leben? An den Brunnen siedelten sich die Urväter Israels an; am Brunnen fanden Jakob und Isaak ihre Frauen – so wie es im Hohenlied noch aufklingt: ›Die Quelle des Gartens bist du, ein Brunnen lebendigen Wassers, Wasser vom Libanon.‹ Ohne Wasser sind wir alle dem Tod geweiht. Der Herr selbst bittet die Frau am Jakobsbrunnen: ›Gib mir zu trinken.‹ Und es ist seine eigene, lebenspendende Kraft gemeint, wenn es heißt: ›Ströme lebendigen Wassers werden aus seinem Leib fließen.‹«

Theodulf greift ins Wasser, läßt es durch die Finger gleiten, greift nochmals hinein. Seine Haut spürt frische Kühlung, er sieht die feinen

Luftbläschen an ihr. Dadurch ist das Wasser wieder in Bewegung geraten. Jetzt scheint es Erinnerungen zu spiegeln: an den warmen Regen nach einem glühenden Sommertag; an das Vieh auf der Weide, das in der Mittagshitze nach dem Eimer voll Wasser lechzt; an die Taufe seiner jüngsten Schwester.
Taufe!, geht es Theodulf durch den Kopf, auch du bist reingewaschen worden von der Schuld durch das heilige Wasser; auch du durftest als Kind eintauchen in das Leben Gottes und hast seither immer wieder deinen Durst gestillt am lebendigen Wasser Gottes. Welch ein Geheimnis ist das Wasser! So beweglich, daß man es nicht halten kann, und doch lebenspendend und erquickend. Durchsichtig und oft klarer als die Luft, und doch verbindet es Ufer mit Ufer und springt von Stein zu Stein. Im Winter wird es fest wie ein Fels, und über der Hitze des Feuers steigt es leichter als Luft empor. Wasser ist ein Geschenk Gottes; Wasser ist ein Sinnbild seines Wirkens; Wasser ist im Sakrament gesegnet mit Gottes lebenspendender Kraft.
Theodulf wird nachher bewußter in das geweihte Wasser greifen, das an vielen Türen des Klosters aufbewahrt ist, und sich das Kreuzzeichen machen. Es erinnert ihn an das Reinigungsbad der Taufe, an die Gnade, daß er Kind Gottes und Bruder Jesu unter Brüdern und Schwestern sein darf.
Theodulf geht in die Kirche zum Taufbecken und singt einen Hymnus:

Du lebenspendendes Strömen,
du Quell der Wahrheit und des Seins,
du Ozean der Liebe,
du herniederfallender Regen der Gnade,
du Tau des Frühlingsmorgens,
du weißer Schnee am Winterabend,
du erquickendes Wasser vom Berg der Ewigkeit,
du Frische, die meinen Durst stillt
    und mich zugleich nach dir dürsten läßt, mein Gott.
Du Kraft des Sakraments, das mich reinigt von Schuld
    und mich befähigt, dich zu lieben, nach dir zu verlangen.
»Und beim Reigentanz wollen wir singen:
All unsere Quellen entspringen in dir.«

Im Kloster Poblet

Das Kloster Poblet südlich von Barcelona liegt zwischen Lérida und Tarragona am Mittelmeer. Raymond Bérenger IV. gründete dieses Kloster etwa um 1150 aus Dankbarkeit für die Befreiung von maurischer Herrschaft. Die Benediktiner-Mönche kamen aus Fontfroide in den Bergen der Corbiéres.
Das Kloster besitzt einen der größten Kreuzgänge (40x35 Meter). Die meisten haben etwa 20x20 Meter als Maß. Die außergewöhnliche Größe ist verständlich, wenn man berücksichtigt, daß Poblet über ein Dormitorium von 87 Metern Länge verfügt. Das herrliche Brunnenhaus mit Brunnenbecken, aus dem 30 Wasserspeier für die vielen Mönche zur Verfügung standen, verlegte man wie überall in den Garten des Kreuzgangs. Der Kreuzgang entstand im 12. Jahrhundert und erhielt im 13. Jahrhundert sein Kreuzgewölbe. Auf zwei Seiten einer Galerie laufen Bänke, damit sich die Mönche zum Lesen setzen konnten.
Gegenüber dem Refektorium steht das erwähnte Brunnenhaus aus der Zeit um 1200. Es zählt zu den schönsten und größten unter den bekannten Brunnenhäusern. Von den beiden übereinanderliegenden Marmorbecken läuft das Wasser von einem in das andere Becken und dann durch einen Kanal ab. Die fünf Arkaden des Brunnenhauses bestehen aus je zwei runden Bögen, die sich in der Mitte auf einer dünnen Säule mit Kapitell abstützen, darüber liegt eine offene Raute (Rhombus).
In ähnlicher Form öffnet sich das Brunnenhaus zum Kreuzgang hin, nur fehlt die Mittelsäule, um den Zugang zu ermöglichen. Dieser Doppelbogen endete wohl ursprünglich in einem Hängeschlußstein, der aber weggebrochen ist. Welch großartige Entwicklung vom früheren Baumstamm, der einst zum Waschen der Hände vor dem Essen diente.
(Foto: Zodiaque)

Der Gang zum Herrn

»Ich freute mich, als man mir sagte:
Zum Hause des Herrn wollen wir pilgern« (Psalm 122, 13)

Kreuzgang – so hat Theodulf erfahren – wird der Gang um den Innenhof eines Klosters genannt, wohl auch, weil dort die Prozessionen, mit dem Kreuz voran, durchziehen: die Prozessionen zu den Gräbern, die Prozessionen zum Gebet in der Kirche, die Prozessionen während der heiligen drei Tage von Karfreitag bis Ostern. Daran denkt Theodulf beim Gang zur Abendvesper.

Ist nicht das ganze Leben ein »Kreuzgang«: von der Taufe, dem Eintritt ins christliche Leben und dem Wegweiser hin zum endgültigen Ziel des Heimgangs zu Gott?

Theodulf schaut zurück auf den Gang seines jungen Lebens: Er muß im nachhinein staunen, wie sicher Gott ihn geführt hat. Sein Vater, der das Holz zum Kloster brachte, hat ihn, seinen Ältesten, schon früh den Mönchen vorgestellt. Theodulf weiß heute, daß seine Mutter ihn bereits, als er noch in ihrem Leib sich regte, Gott zum Dienste angeboten hat. Heimlich deutete sie es später dem Vater an, daß er das Kind, das damals noch Dietolf hieß, mitnehme zu den Mönchen. War es ein Zufall, daß er kindliche Freude am Gesang der Mönche und an ihren dicken Büchern bekam, daß er aufgenommen wurde in die Gesangsschola des Klosters; daß er in die Lateinklasse von Pater Magister gehen und Altardienste verrichten durfte? War es nicht Gottes Führung?

Theodulf ist dankbar, daß sein ganzes bisheriges Leben auf das Mönchtum ausgerichtet war. Die einzelnen Etappen, Tage und Begegnungen, Freuden und Schmerzen, auch seine schuldhaften Taten setzen sich zusammen zu einem Mosaik. Wenn er zurücktritt und es anschaut, steht vor ihm die Berufung zum Klosterleben. Was damals, als er mit acht Jahren Vater Abt die Hand geben durfte, noch wie im Nebel verborgen lag, steht nun klar vor ihm: Gott hat dich zu sich berufen!

Theodulf weiß auch, daß dieser Ruf noch klarer werden wird, daß er den Auftrag hat, weiter am Mosaik seines Lebens zu arbeiten. Es gibt noch Steine, die er nicht zu deuten vermag. Warum hatte er diese tiefe Zuneigung zur Tochter des Nachbarn empfunden? Als er ihr seinen Entschluß zum Eintritt ins Kloster mitteilte, weinte sie bitterlich; bis heute sind die Tränen noch nicht völlig getrocknet. Theodulf vertraut darauf, daß der Sinn dieser Trennung immer deutlicher hervortrete.
Im Glauben an Jesus Christus weiß er, von woher dieser Sinn sich auftut, so sehr er sich auch manchmal dagegen sträubt. Es ist die Liebe des Herrn, der ihn, Theodulf, persönlich berufen hat zu einem Leben als Mönch. Auf Jesus will er zugehen, auf ihn hineilen, wann immer er durch den Kreuzgang zur Kirche geht. Sein ganzes Leben soll ein »Hin-zu-Gehen« sein: hin zu Gott, hin zu seinem Sohn Jesus Christus. Das hat er Gott gelobt. Dafür dankt er Gott; er hat ihn ja auf den Weg geführt. Wie froh ist Theodulf, daß er diesen Weg nicht alleine gehen muß, daß er ihn in der Reihe der Mönche bestreiten darf. Wie froh ist er, darauf vertrauen zu dürfen, daß dieser Weg voll Sinn ist: voll Sinn für ihn und voll Sinn auch für das Nachbarmädchen, von dem der Abschied so schwerfiel. Voll Sinn ist der Weg, weil er zu Gott führt, weil er dem Ruf Jesu folgt, weil er in Gemeinschaft mit so vielen Menschen gegangen wird.
Theodulf denkt auch an die Zukunft. Wie wird es weitergehen? Welch dunkle Mosaiksteine muß ich noch einfügen in das Bild meines Lebens? Werde ich das Bild vollenden dürfen, wie es mir von Gott aufgetragen ist? Doch all diese Gedanken kann er hineinwerfen in die Liebe Gottes, die er so überreich erfahren darf.
Theodulf vertraut, daß der Herr ihn weiterführen wird; er betet:

Jesus, du hast mich geführt bis hierher,
    du hast meinem Leben Sinn gegeben,
    du wirst mir weiter meinen Weg zeigen.
Jesus, mein Weg führt zu dir,
    mein Dasein ordnet sich um deine Weisung,
    meine Liebe hat Kraft von deiner ewigen Güte.
»Ich freute mich, als man mir sagte:
Zum Hause des Herrn wollen wir pilgern.«

Die Weissen Olivetaner im Kreuzgang von Bec-Hellouin

In der unmittelbaren Umgebung von Rouen – etwa 20 Kilometer südwestlich – liegt das französische Kloster Bec-Hellouin, eine Benediktinerabtei aus dem Jahre 1949, deren Nikolausturm aus dem 15. Jahrhundert und deren jetziger Kreuzgang aus dem 17. Jahrhundert stammen. Die hohe Galerie führt zu einem Epitaph, in dessen Mitte die Gottesmutter in einer Ädikula steht.
Hier zog mit den Weißen Benediktinern erneut monastisches Leben ein. Die Zerstörungen der Säkularisation konnten aber noch nicht alle wieder beseitigt werden. Die Wände waren früher nicht so kahl, sie trugen vielfältigen Schmuck, der während der Französischen Revolution der Zerstörung anheimfiel.
Die Schule von Bec-Hellouin, die von 1039 bis zur Revolution 1790 bestand, wurde durch Lanfranc und den heiligen Anselm von Canterbury nicht nur in der Normandie bekannt. Lanfranc (1005–1089) war ein Frühscholastiker und ab 1045 Prior und Leiter der neugegründeten Schule in Bec. Er verteidigte die Abendmahlslehre gegen Berengar von Tours. 1063 wurde er Abt in Caen und, obwohl italienisch-englischer Abstammung, 1070 Erzbischof von Canterbury. Der heilige Anselm von Canterbury gilt als einer der bedeutendsten Kirchenlehrer. 1033 in Aosta geboren, starb er 1109, nachdem er seit 1078 Abt in Bec und seit 1093 Erzbischof von Canterbury war. Er war ein Verfechter der gregorianischen Reform. Das alte Kloster wurde 1948 von den Weißen Olivetanern besiedelt, deren Mutterhaus sich in Oliveto befindet – einer der strengen Reformorden, die aus den Benediktinern hervorgegangen sind. Auf dem Bild sammeln sich die Mönche zum gemeinsamen Einzug in das Gotteshaus.
(Foto: KNA-Herb)

Berufen von Anbeginn

»Von Geburt an bin ich geworfen auf dich,
vom Mutterleib an bist du mein Gott« (Psalm 22,11)

Die Säulen des Kreuzgangs sind mit kunstvollen Kapitellen geschmückt. Theodulf bleibt vor ihnen stehen, tastet sich mit seinen Augen am glatten Stein empor. Er verweilt bei der Krönung der Säule, dem Figurenfries des Kapitells. Er läßt sich von dem symbolischen Rankenwerk höher führen und verfolgt, wie die Bogen des Gewölbes aus den vielen Szenen der Kapitelle eine einzige Geschichte zusammenfügen, die Geschichte des Menschen, der durch den Kreuzgang geht, seine eigene Geschichte. Sie ist dargestellt mit Heiligen und Dämonen, mit Lastern und Tugenden, mit lustigem und ernstem Beiwerk; dargestellt vor allem am Leben und Sterben des Herrn, der uns den Kreuzgang seines Lebens vorangegangen ist.

Besonders die Figuren mit Maria ziehen Theodulf an. In ihr, der Mutter aller Christen, findet er sein eigenes Warten auf Gott, seine Begegnung mit Jesus, sein Beten und Arbeiten, sein Leiden und Suchen, seine Freude.

Faltenschwere Gewänder umhüllen ihre Gestalt. Daraus sprechen Ordnung und zugleich Leben und Bewegung. Man braucht nur diesem Faltenwurf zu folgen, um den Sinn der Figuren zu erahnen. Dem Künstler gelang es, viel Dynamik auf engem Raum unterzubringen; und so quillt das Kapitell förmlich über vor Bewegung und Bedeutung: Maria und der Engel, Maria und Elisabet, dazwischen Joachim. Alle Figuren wirken mächtig – Theodulf hat nachgemessen, daß Köpfe und Hände viel größer sind als bei Menschen von Fleisch und Blut. Königlich thront Maria vor dem Engel mit dem Botenstab, königlich bringt sie Elisabet den Gruß.

Von den Kapitellen herab spricht die Feierlichkeit der hohen Liturgie. Es sind Symbole, die sich zum Glaubensgrund öffnen, die einem helfen, durch alle Zufälligkeiten des Lebens hindurch zu ihm vorzustoßen. Maria im Königssitz erhebt die Hand zur Bereitschaft. Als Herrscherin dient sie, als Herrscherin trägt sie das Kind zu Elisabet und schenkt ihr den Friedensgruß, den wir uns im Hochamt geben.

Theodulf erkennt in dieser Feierlichkeit seine eigene Berufung wieder. Von Anfang an hat ihn Gott erwählt; von Anfang an gilt ihm das Engelwort: »Der Herr ist mit dir!« Ein ganzes Leben lang trägt er die Frucht dieser Berufung; er läßt sie reifen, trägt sie zu den Menschen, gibt sie weiter, indem er Frieden schenkt. »Stehe Tag für Tag vor dem Engelwort, in dem Gott dich grüßt; gehe Tag für Tag weiter zu deinen Brüdern und Schwestern mit dem Wort, das Gott dir geschenkt hat.«

Ja, die Gestalt Mariens, der Mutter des Herrn, ist das Urbild des eigenen Glaubens. Theodulf ahnt, daß die tiefe Marienfrömmigkeit seiner Eltern und auch der Laienbrüder im Kloster in der Sehnsucht des Menschen nach dem Geschenk Gottes wurzelt. »Du selbst bist dir von Gott geschenkt worden; deine Berufung ist ein Geschenk von Gott; dein Weg ist Geschenk von Gott: Nichts anderes sollst du tun als das, was deine Schwester und Mutter Maria als erste und grundlegend für alle Menschen tat; damals antwortete sie dem Engel: ›Ich bin die Magd des Herrn; mir geschehe, wie du es gesagt hast.‹ Und dann eilte sie mit dem Geschenk hin zu Elisabet, um sie an ihrer Freude teilhaben zu lassen. Das ist ihre Königswürde, an der auch wir teilhaben dürfen.«

Theodulf denkt an seine Mutter, von der er das Geschenk seines Lebens empfing. Er denkt an die vielen, die ihm auf dem Weg seiner Berufung zum Geschenk wurden. Er denkt an Gottes Güte, die in all diesen Geschenken sichtbar, erfahrbar wird.

Mit all den Menschen zusammen möchte er beten:

Maria, du Mutter der Liebe, du Mutter Gottes,
du Mutter aller, die lieben und schenken.
Maria, schenke uns die Gabe weiter,
die du als Geschenk erhieltst, schenke uns deinen Sohn.
Maria, bitte deinen Sohn, daß auch wir verkünden dürfen
von dem, was wir erhielten: Gottes Gnade von Anbeginn.
»Von Geburt an bin ich geworfen auf dich, o Gott,
vom Mutterleib an bist du mein Gott.«

Saint-Trophime in Arles

Dort, wo die Rhône ihr großes Delta bildet, bevor sie ins Mittelmeer mündet, liegt Arles mit dem berühmten Kloster Saint-Trophime und einem der ältesten Bischofssitze der Provence.
An die Bischofskirche mit dem einmaligen Portalvorbau grenzt der Kreuzgang für die Domherren und in dessen Mitte deren Friedhof, der 1183 eingeweiht wurde. Vom Hof der Wirtschaftsgebäude gelangt man in den eigentlichen Kreuzgang, der mit einer Fläche von 28x25 Metern zu den großen gezählt werden darf. Durch die lange Bauzeit bedingt, sind die Nord- und Ostgalerie noch romanisch, während die beiden anderen nach langer Bauunterbrechung im 14. Jahrhundert entstanden.
Der romanische Teil ist mit einer Tonne auf Gurtbögen schlicht überwölbt. Diese Gurtbögen enden auf Pfeilern, die rundum mit Figuren geschmückt sind. Zwischen jedem Abschnitt liegt eine Arkade mit vier Bögen, die auf drei Säulenpaaren ruht. Auf ihnen stehen die Kapitelle mit großem Abakus, um die Bögen aufzunehmen. Diese Kapitelle sind jeweils kleine Kunstwerke für sich. Neben reinen Schmuckformen findet man Themen des Alten und Neuen Testaments, zum Teil als Ergänzung zu den Themen des Kirchenportals oder auch als deren Wiederholung. Unser Kapitell zeigt in gedrängter Form die Verkündigung an Maria durch den Engel (leider etwas beschädigt). Mit der rechten Hand – hinter der ein Flügel des Engels sichtbar wird – heißt Maria den Boten Gottes willkommen, während ihre linke Hand Demut und Zurückhaltung andeutet. Rechts daneben: Maria begrüßt Elisabet, auf der Rückseite die Geburt und das Bad des Kindes.
(Auf dem Grundriß Seite 48 das Kapitell Nr. 48 in der Ostgalerie).
(Foto: Zodiaque)

Folgend seinem Wort

*»Dein Wort ist meinem Fuß eine Leuchte,
ein Licht für meine Pfade« (Psalm 119,105)*

Wenn man an der Kirchenseite des Kreuzgangs entlanggeht – von West nach Ost – und sich der Ecke nähert, wo sich im Chorraum Altar und Tabernakel befinden, sprechen auch die Figuren der Kapitelle immer deutlicher von Jesus und führen zum Geheimnis des Glaubens, zu den heiligen drei Tagen von Karfreitag bis Auferstehungssonntag. Mit seinen Jüngern zieht Jesus in die heilige Stadt ein. Er nähert sich der Stunde seines Todes dort in Jerusalem; der Stunde seines Sieges über den Tod; der Stunde des Triumphes von uns allen über Leiden und Sterben.

Sinnierend steht Theodulf vor den drei Jüngern, die – gleichsam in den Raum an der Stadtmauer hineingepreßt – ihrem Herrn nachfolgen. Damals, am See Gennesaret, hörten sie zum erstenmal seinen Ruf: »Kommt, folget mir nach!« Sie ließen alles liegen und stehen, um seine Jünger zu werden. Jetzt sind sie beim feierlichen Einzug in Jerusalem dabei: der mittlere in erhabener priesterlicher Würde und durch die strengen Gewandfalten noch feierlicher und noch würdevoller abgebildet; die beiden anderen dagegen lebendiger, fast tanzend und singend. Alle drei bilden die Prozession hinter dem Kreuz. So ist es am Palmsonntag, wenn der Mönchskonvent hinter der sichtbar getragenen Eucharistie, dem Opfer Jesu, den großen Weg durch den Kreuzgang macht und ihn mit Hosianna-Rufen füllt. Und so ist es doch in jeder heiligen Messe, wenn der Priester einzieht zum Altar.

Ja, denkt Theodulf, das ist genau meine Berufung; hierhin hat mich Gott gestellt, damit ich inmitten der Schar meiner Mitbrüder hinter seinem Sohn Jesus hergehe. Mein Lebensweg hat viele Gestalten, tanzende und singende, gemessene und würdevolle, harte und schmerzende, freudige und gelassene. Er hat Höhepunkte, auf denen ich vor

Glück springen möchte. Er hat Täler voll Dunkelheit, in denen ich nichts mehr sehe und spüre, sondern nur noch der Stimme Jesu nachgehen kann: Komm, folge mir nach! Aber in allen Eben- und Unebenheiten hat mein Weg eine einzige Richtung: Jesus Christus, der Herr, der mich auserwählt hat, der mich gerufen hat.
Auf ihn geht auch der Blick der drei Jünger im Kapitell. Der Herr geht voran. Theodulf denkt auch »voran«, in die Zukunft: Wohin führt mein Weg? Am Ende steht der rufende Herr. Was aber liegt dazwischen? Werde ich in meinem Kloster einmal eine wichtige Rolle spielen – als Magister, als Prior, vielleicht sogar als Abt? Wird man mich einmal aussenden, um an einem anderen Ort ein Kloster zu gründen oder in einem neuen Gemeinschaftsleben mich zu bewähren? Oder wird mein Leben klein und bescheiden verlaufen wie das von Bruder Elias? Aber ist dessen Leben wirklich klein? Ist es nicht unendlich viel wert – weil Bruder Elias auf Jesu Ruf hört, auf den Jesus, der ihn und der mich persönlich anspricht?
Vor Gott werden alle Unterschiede belanglos; die Würde eines jeden von uns ist unendlich groß, weil Gott ihn anruft. Vor Gott ist nur wichtig, daß ich ihn höre. Theodulf erinnert sich dabei daran, daß Benedikt schreibt: »Was könnte angenehmer klingen, liebe Brüder, als die Stimme des Herrn, der uns einlädt? Seht, in seiner Güte zeigt uns der Herr den Weg zum Leben. Umgürten wir uns also mit dem Glauben, erfüllen wir in allem treu unsere Pflicht, und schreiten wir voran auf dem Weg des Herrn, unter der Führung des Evangeliums.«
Wie von selbst setzen diese Worte aus dem Prolog der Regel sich für Theodulf im Gebet fort:

Jesus, ich danke dir für deinen Ruf;
ich danke dir für den Weg, den du mich führst;
ich danke dir auch für die Irrwege,
von denen du mich zurückgeholt hast.
Jesus, ich danke dir, daß du mich meinst, wie ich bin,
ich danke dir, daß dein Blick auf mich gefallen ist,
ich danke dir, daß du mir Sinn und Ziel bist.
Jesus, sei du mir weiterhin Weg, Wahrheit und Leben!
»Dein Wort ist meinem Fuß eine Leuchte, ein Licht für meine Pfade.«

Die Rückseite eines Kapitells (73) aus dem Kreuzgang von Arles zeigt die Apostel, die Christus beim Einzug nach Jerusalem folgen. Links erkennt man noch die Befestigungen der Stadt.
(Foto: Zodiaque)
Der untenstehende Grundriß gibt eine Vorstellung von der reichen Ausstattung dieses ungewöhnlichen Kreuzgangs (aus: »Romanische Provence«, Echter-Zodiaque, Würzburg 1982).

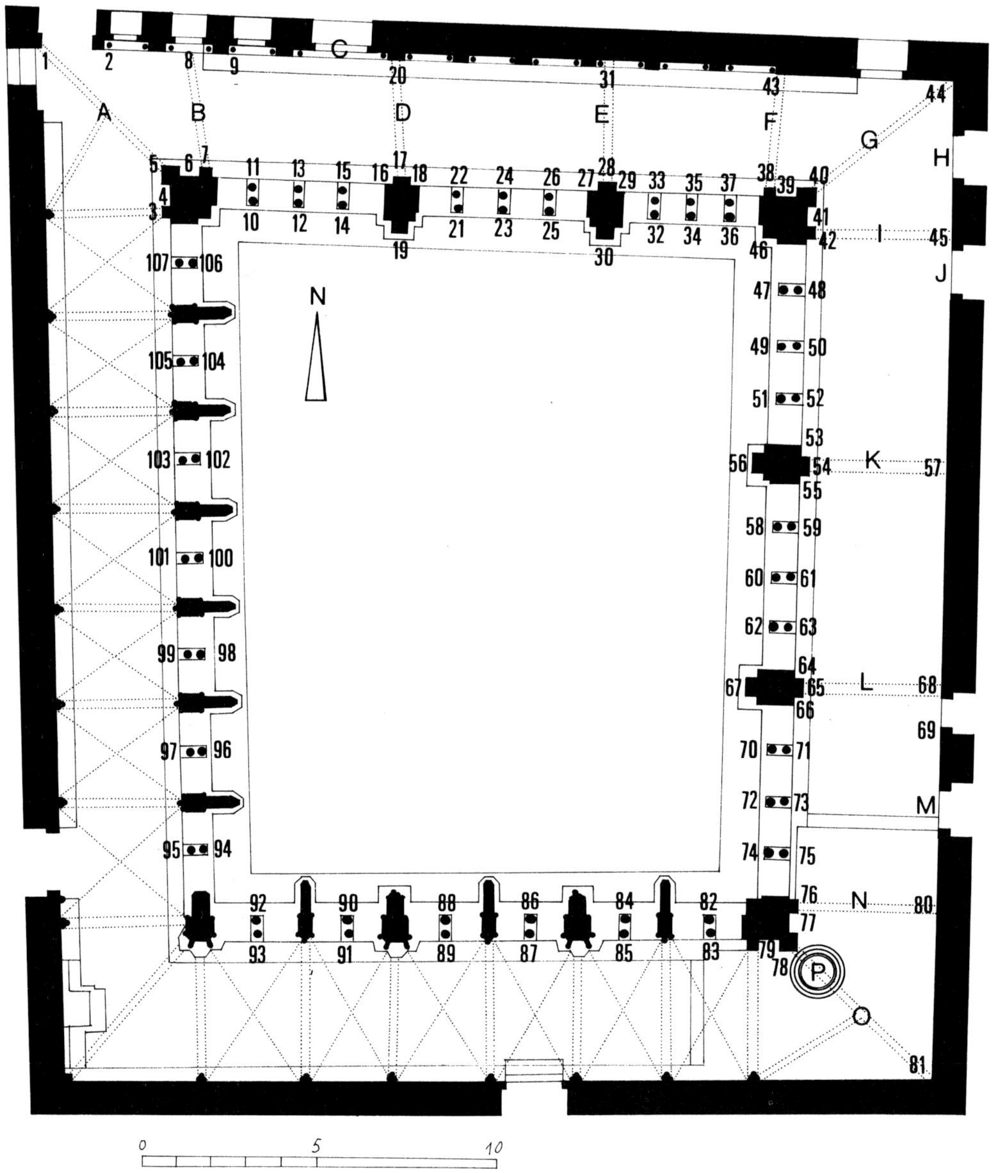

Voll Freude und Jubel

»Mit Zweigen in den Händen schließt euch zusammen zum Reigen. Du bist mein Gott, dir will ich danken« (Psalm 118, 26 f)

Die Palmsonntagsprozession der Mönche gibt Theodulf zu denken. Was feiern wir Christen eigentlich an diesem Tag? Trauern wir schon, weil die Leidenswoche Jesu beginnt? Oder ist es ein Jubeltag, um vor dem Herrn die Kleider der Hingabe und die Palmzweige der Freude auszubreiten?

Die Gestalten des Kapitells drücken jene gemessene Freude aus, die in der Benediktusregel zu finden ist. Wie auf seinem Thron sitzt Jesus auf dem Esel und hebt segnend die Hand; drei Apostel folgen ihm nach als Thronassistenten. Drei freudig jubelnde Gestalten vor dem Esel zeigen die Stimmung des Volkes; ihre Hände werfen sie voll Begeisterung hoch, und einer beugt sich nieder, um mit seinen Gewändern den Boden für den Weg des Herrn zu bereiten.

Wieder einmal geht Theodulf Bruder Elias um Rat an: »Warum jubeln und feiern wir am Palmsonntag, der doch die Leidenszeit des Herrn einläutet? Ist das nicht ein Hohn auf das Leid Jesu Christi?«

Diesmal bringt Bruder Elias das Evangelienbuch heran. Er schlägt das Lukasevangelium auf und liest die Hochrufe der Juden beim Einzug in Jerusalem vor: »Gesegnet sei der König, der kommt im Namen des Herrn. Im Himmel Friede und Herrlichkeit in der Höhe!« Dann vergleicht er dieses Lied mit dem Gesang der Engel bei der Geburt Jesu: »Verherrlicht ist Gott in der Höhe, und auf Erde ist Friede bei den Menschen seiner Gnade!« Und Bruder Elias weist noch hin auf das letzte Buch der Heiligen Schrift, auf die Offenbarung des Johannes. Dort ist von der »Herrlichkeit Gottes« die Rede, die im »Lamm, das geschlachtet ward«, zur »Leuchte der heiligen Stadt Jerusalem« geworden ist.

»Siehst du, wie die Bilder sich ähneln! Die Hirten auf dem Felde hatten

vor der Schar der Engel die gleiche Erfahrung wie auch die Jünger, die hinter Jesus in die Stadt einzogen, und wie die Heiligen im himmlischen Jerusalem sie haben werden. Diese alles überspannende Erfahrung ist eine einzige; denn sie meint den Herrn. Wir Menschen sind zu beschränkt, um die Fülle Jesu in einer einzigen Feier zu durchleben. Wir falten sie gleichsam auseinander im Kirchenjahr – von Advent bis Ostern und über Pfingsten hinaus in die Zeit der Kirche hinein. Hat nicht auch Gott selbst sich in Jesus unserer Beschränktheit angenommen und seine ewige Güte in die mit Schuld erfüllte Zeit hineingesenkt? Wie Gottes Liebe in der Zeit Jesu sich entfaltete, so fügt sich unser mönchisches Leben in den Rhythmus des Kirchenjahres ein. Wir sollen also mit Jesus jubeln und klagen, uns freuen und trauern. Und in jeder Etappe unseres Lebens erhalten wir Kraft von den Stationen seiner Geschichte, seiner Worte und seiner Taten.
Am Palmsonntag nun – du hast recht – verbindet sich in einzigartiger Weise die Todesahnung mit dem Hosianna-Ruf, der Verrat mit der Begeisterung des Volkes.
Aber ist dies so schwer zu verstehen? Feiern wir das nicht in jeder heiligen Messe als Kreuzopfer, das zugleich Siegesmahl ist? Als Tod, der den Tod besiegt hat? Damit feiern wir doch das Grundgeheimnis unseres Lebens. Schon die alten Griechen wußten, daß unser Dasein ein Hinleben auf den Tod ist. Wir Christen aber wissen, daß dieses Sein zum Tod zugleich ein Hingehen auf die Herrlichkeit Jesu ist. Jeder Augenblick unseres Lebens sollte doch beides zugleich sein: Trauer vor dem Herrn, von dem wir noch fern sind; Freude mit dem Herrn, der uns schon begegnet ist und uns jeden Tag von neuem anschaut.«
Theodulf eilt zum Kreuz, um dort zu beten:

Ob deines Todes will ich dir jubeln, Herr,
    ob deines Kreuzes darf ich dich preisen.
Groß bist du und erhaben in der Stunde deines Todes.
Laß mein tägliches Sterben ein Leben sein für die Ewigkeit.
Laß meine Freude aufruhen auf den Balken deines Kreuzes.
Laß mich einstimmen in den Gesang deiner Kirche:
»Mit Zweigen in den Händen schließt euch zusammen zum Reigen;
Du bist mein Gott, dir will ich danken.«

Arles

Im Kreuzgang von Saint-Trophime in Arles zeigt die Vorderseite des Kapitells 73 (siehe Grundriß S. 48) in der Ostgalerie den Einzug Christi in Jerusalem am Palmsonntag. Das Thema ist mit allen Begleitpersonen auf einem einzigen Kapitell untergebracht. Alle diese zwar derben, aber ausdrucksstarken Plastiken sind mit ihren großen Köpfen ganz auf die Ansicht von unten abgestellt.
(Foto: Zodiaque)

In Trauer und Schmerz

»Mein Elend ist aufgezeichnet bei dir. Sammle meine Tränen in einem Krug, zeichne sie auf in deinem Buch« (Psalm 56,9)

Theodulf liebt die Kreuzigungsgruppe – besonders auch, weil auf der anderen Seite Auferstehung und Sieg zu ahnen sind.
Als er noch Klosterschüler war, brachte ihm der Vater ein Messer von der Reise mit. Als erstes schnitt Theodulf damit das Zeichen des Kreuzes in die Holzbalken seines Zimmers. Und dann versuchte er sich selbst ein Kreuz zu schnitzen – so wie er es in der Kirche über dem Altar gesehen hat. Viele Kreuze hat Theodulf seitdem geschnitzt. Eines schenkte er der Nachbarstochter; ein anderes durfte er in die Klosterzelle mitnehmen. Dort hängt es an der Wand und erinnert ihn an die noch seltenen schweren Stunden seines Lebens: an eine Karfreitagsnacht, als er sich auf dem Heimweg verirrte; an den Tod seiner Mutter; an die Fieberträume während einer schweren Krankheit.
Oftmals nimmt Theodulf das Kreuz in die Hand, wenn er beim Beten an Jesu Tod denkt; wenn ihm die Zelle einsam und die Einsamkeit schwer werden; wenn die Erinnerungen an zu Hause aufsteigen, an die Ungebundenheit der Jugend, an die Freunde und ihre Spiele, an die heimliche Liebe zur Nachbarstochter. Wenn er nicht mehr weiter weiß, umgreift er das Kreuz ganz fest. Seltsam, wie er dann – tastend und fühlend – zu beten beginnt. Bruder Magister nennt das »Geistlicher Sinn« und verweist auf große Lehrer der Vergangenheit. Das knorrige Naturholz mit den groben Messerschnitten läßt Theodulf spüren, welches Leid Jesus durchlitten hat. Wie intensiv und eindrücklich wird das Beten, wenn man es mit den Händen ertastet, mit den Augen sieht und mit der Haut erspürt; wenn einem über die Sinne erlebbar wird: Du, Herr, hast für mich gelitten! Nach einem solchen Gebet eilt Theodulf in den Kreuzgang, um die Ordnung der Bogen und Säulen, der Steine und Wände mit seinen Schritten zu erspüren und die Luft des

Gartens einzuatmen. Diese Ordnung wächst aus einer Mitte. Die Mitte aber ist nicht der blühende Garten, nicht der Brunnen, nicht dieses oder jenes Kunstwerk; die Mitte ist das Kreuz, das überall zu finden ist – figürlich aus einem Stein herausgemeißelt oder im Zusammenlaufen der Wege und der Furchen. Nach einer solchen Stunde des Betens findet Theodulf überall das Kreuz.

Vor der Kreuzigungsgruppe im Kreuzgang aber wird ihm das Kreuz zur Befreiung. Schon die Erde von Golgota ist hier zum Fußboden eines Krönungssaals geworden. Trauernd nehmen die Freunde den Herrn vom Kreuz ab. Doch der tote Jesus scheint sie umarmen zu wollen, ihnen seine verzeihende Güte zu schenken. Und darüber schweben die Engel mit den Leidenswerkzeugen. Theodulf sieht in diesen Leidensengeln schon die Engel der Herrlichkeit, die Engel der Verklärung. Der Todesschmerz Jesu ist zum Kelch der Erlösung geworden, der allen Menschen Befreiung bringt. Und das, was Theodulf in der Kreuzigungsskulptur ahnend erkennt, zeigt ihm die andere Seite der Säule mit Klarheit: »Der Herr ist wahrhaft auferstanden!«

Je tiefer Theodulf den Schmerz in sich einläßt, desto näher kommt er auch dem Leid dessen, den er vor sich sieht. Aber das Leid Jesu bringt die Wende zur Befreiung – nicht durch irgendein Kunststück oder einen unvermuteten Zwischenfall; sondern einfach weil er, Jesus, dieses Leid trägt.

Theodulf möchte dies auch innerlich erfahren, und so breitet er, wie der Magister ihn lehrte, selbst die Arme aus, versucht über die Verwundbarkeit des Leibes das Ausgeliefertsein Jesu nachzuvollziehen. Und zugleich damit wird in seinen ausgebreiteten Armen die umfassende Liebe spürbar: der Schmerz des Karfreitags und der Friede von Ostern. Und so betet er:

O Jesus, wie wahr ist dein Wort:
    »Keiner hat eine größere Liebe,
    als wer sein Leben hingibt für seine Freunde.«
O Jesus, mit dieser Liebe hast du mich geliebt,
    mit der Liebe, die dich am Kreuz festhält.
»Mein Elend ist aufgezeichnet bei dir. Sammle meine Tränen in einem Krug, zeichne sie auf in deinem Buch.«

Der Kreuzgang in Silos

In Kastilien liegt im engen Tal von Tabladillo das Kloster Santo Domingo in Silos. Es steht etwas außerhalb eines Bergdorfes zwischen Burgos und Soria.
Dieses Kloster birgt den sehenswertesten Kreuzgang Spaniens. Er stammt aus der Mitte des 12. Jahrhunderts. Viele Meister waren an dem Werk beteiligt, doch scheint schon der erste Meister von Silos das Konzept festgelegt zu haben, in das auch die Kreuzabnahme und der Christuskopf gehören.
Die Nordostecke des Kreuzgangs bietet in der Nordgalerie die Kreuzabnahme (links erkennt man die Grablegung in der Ostgalerie). Joseph von Arimatäa und Nikodemus lösen die Nägel. Den rechten Arm Jesu hält die Gottesmutter ehrfürchtig mit verhüllten Händen – ein altes Ehrfurchtssymbol: dem Herrscher durfte man nur mit verhüllten Händen begegnen oder Gaben reichen. Sie drückt den Arm ihres Sohnes an ihr Gesicht. Auf der anderen Seite steht der heilige Johannes mit dem Evangelium in der Hand. Im Gegensatz zu den beiden anderen Männern sind seine Füße nackt, wodurch er als Apostel gekennzeichnet ist.
Über dem Kreuz sind Sonne und Mond personifiziert durch eine Frau und einen Mann mit je einem Nimbus, die Tücher in den Händen halten; außerdem drei Engel mit Weihrauchfäßchen. Zu Füßen des Kreuzes erscheint die Gestalt Adams, der sein Grab verläßt, auf dem man gemäß der Tradition das Holz des Kreuzes errichtete. Christi Kreuzestod erlöst Adam. An der stark zerstörten Stelle erkennt man den Arm Adams, der den Deckel hebt. Nicht eindeutig zu identifizierende Elemente formen drei Stufen als Boden.
Zwar folgten die Künstler der alten Tradition, fügten aber rein geistliche Elemente ein wie Sonne und Mond, das geöffnete Grab Adams, die Stilisierung der Felsen, die auch vom Wind gepeitschte Meereswogen sein könnten.
Wer diesen Eckpfeiler aufmerksam betrachtet, entdeckt Stationsbezeichnungen über den Bildern: die 13. Kreuzwegstation: Kreuzabnahme und links davon die 14.: Grablegung. Zweifelsohne war die Passion Christi das Thema des Künstlers von Silos, keineswegs aber ein Kreuzweg mit den heute üblichen 14 Stationen, wie es hier den Anschein hat. Zur Zeit der Entstehung des Kreuzgangs in Silos gab es höchstens sieben Stationen und diese keinesfalls mit den uns geläufigen Bildern. Der uns bekannte Kreuzgang entstand erst allmählich im 15. Jahrhundert und erreichte im 17. die heutige Reihe.
Man bezog in Silos offensichtlich Jahrhunderte später diese Reliefs aus dem 12. Jahrhundert in einen Kreuzweg mit ein.
(Foto: Zodiaque)

Vor seinen Augen

»Doch das Auge des Herrn ruht auf allen, die ihn fürchten und ehren, die nach seiner Güte ausschauen« (Psalm 33, 19)

Es gibt Worte der Heiligen Schrift, von denen Theodulf sich niemals lösen kann, die ihn begleiten wie ein Schutzengel: Wenn der Vater seinen verlorenen Sohn »schon von weitem kommen sieht«; wenn der Zöllner es nicht einmal wagt, »die Augen zum Himmel zu erheben«; wenn Jesus zum Zöllner Zachäus auf dem Maulbeerfeigenbaum hinaufschaut; wenn Jesus den reichen Jüngling »anblickt« und traurig wird; wenn er sich nach dem Verrat des Petrus umwendet, ihn anblickt, und »Petrus geht hinaus und weint bitterlich«.
Theodulf spürt an solchen Worten, wie wichtig, wie bedeutsam die Blindenheilungen des Herrn gewesen sind: »Du sollst wieder sehen. Dein Glaube hat dir geholfen.« Zwischen dem Licht des Himmels und dem Licht Gottes, zwischen dem Auge der Sonne und dem Auge Christi findet er eine Entsprechung. Die Leibhaftigkeit der Sonne und ihres Lichtes erinnert an Gott, ihren Schöpfer, und gewinnt Glanz in den Augen des Menschen, der Gottes Sohn ist, im Blick Jesu. Seine Menschenliebe und die Liebe Gottes werden darin sichtbar. Jedesmal, wenn die Psalmen von Licht, von Auge, von Anschauen, von Helligkeit sprechen, denkt Theodulf daran. Das Angeblicktwerden hat Theodulf bei seinem Großvater erfahren. Immer wieder stellte er ihn auf einen Stuhl, schaute ihm lange in die Augen und gab ihm eine Mahnung mit. Das letztemal zeichnete er dem Jungen ein kleines Kreuz auf die Augen. Am nächsten Morgen fand ihn Theodulf tot auf einer Bank im Wald vor einem Kreuzbild. Für Theodulf wurden die Augen seines Großvaters zu einem Erinnerungsbild an Gott, der jeden Menschen anblickt und in Ewigkeit anblicken will.
Welches Geschenk hat uns Gott mit den Augen gegeben, die das Licht der Welt erblicken, mit denen wir uns gegenseitig anblicken. Blinde,

die statt mit ihren Augen nun mit Händen und Ohren und der Haut ihres Leibes die Welt erfahren müssen, können wohl noch mehr von der Schönheit des »Schauens« erzählen als wir, die wir uns Sehende nennen. Solche »sehenden Blinden« erahnen, wie Jesus mit einem gebieterischen Blick die Jünger vom Fischfang weg zu sich berief; wie er Kinder anschaute oder den Schächer am Kreuz anblickte: »Heute noch wirst du mit mir im Paradiese sein.« So blickt er im Sterben uns alle an und schenkt uns mit seinen Augen das Leben. Theodulf hat in alten Büchern Miniaturen gefunden, wo aus den offenen Augen des toten Herrn sein Gottsein und Verzeihen herausleuchten.

In den aus Stein gemeißelten Augen findet Theodulf die Erfahrungen wieder, die er mit dem Sonnenlicht machen durfte; die er im Gesicht von guten Menschen gefunden hat; die ihm in der Schrift des Neuen Testaments von den Menschen um Jesus berichtet werden. Und deshalb ist ihm dieses Bild des Herrn mehr als nur ein Bild mit der Aufschrift: Jesus von Nazaret, König der Juden. An diesem Bild kann Theodulf sich niemals sattsehen: Der Herr liebt dich!

An den Blick seiner eigenen Augen wagt Theodulf kaum zu denken: Wie oft ist er Frage und Elend ausgewichen? Wie oft hat er lieblos und spöttisch auf einen Mitbruder geschaut? Wie oft brachen aus seinen Augen Hochmut und Stolz heraus? Die Heilige Schrift aber lehrt: »Das Auge gibt dem Körper Licht. Wenn dein Auge gesund ist, dann wird dein ganzer Körper hell sein.«

Theodulf stellt sich gerne diesem Christusbild. Er läßt sich anblicken und spürt, wie die vielfältige Erfahrung von Auge und Licht nun überhöht wird zum Angeblicktwerden von Jesus:

Mein Herr und mein Gott, schau mich an!
    Laß dein Auge auf mir ruhen.
    Sieh mich vom Kreuz herab an.
    Laß deinen Blick mein Herz treffen.
Mein Herr und mein Gott, schau mich an!
    Laß mich gütig und verstehend werden im Blick deiner Augen.
    Laß mich verzeihend werden, wie du verziehen hast.
»Das Auge des Herrn ruht auf allen, die ihn fürchten und ehren,
die nach seiner Güte ausschauen.«

Der Christuskopf aus dem Kreuzgang von Silos

Jede Ecke der vier Galerien des Kreuzgangs von Santo Domingo in Silos wird von einem kräftigen Pfeiler gebildet, der an seinen Innenseiten je ein großartiges Relief aus dem Leben Christi zeigt. Der Pfeiler an der Nordwestecke der Westgalerie bietet auf einer Seite die Erscheinung Christi bei seinen zwölf (!) Aposteln – denn Paulus ist hier dabei – wobei dieses Mal auch der Apostel Thomas, der ungläubige, dazugehört. Er legt seine Hand in die Seitenwunde.

Unser Bild zeigt den Kopf Christi aus diesem Relief. Im Nimbus hinter seinem Kopf lesen wir »Jesus Nazarenus Rex Iudeorum«. Der Blick dieses strengen und eindringlichen Gesichts schaut auf alle, die Christus gläubig folgen wollen.

(Foto: Zodiaque)

Geborgen im Geheimnis

»Nur eines erbitte ich vom Herrn, danach verlangt mich:
im Haus des Herrn zu wohnen alle Tage meines Lebens« (Psalm 27,4)

Neulich brachte man einen Verletzten ins Kloster. Wegelagerer hatten ihn im Wald überfallen, ausgeplündert und halbtot liegen lassen. Die Bauern, die ihn trugen, wollten schon sein Grab schaufeln. Lange hatte sich der Arme in Fieberträumen gewälzt, Erinnerungen schienen ihn zu quälen. Immer wieder schrie er auf und wollte zurück zur Mutter – so wie sich das Kind im dunklen Gang an die Mutter preßt. Als ihn aber die Hitze des Fiebers verließ – für Theodulf und seine Mitbrüder war es wie ein Wunder –, da freuten sich alle, wie der Genesende langsam seine Lebenskräfte wiedergewann. Man schlug ihm eine Lagerstätte im Kreuzgang auf, so daß er durch die Weite der Räume hindurchblicken konnte. Man führte ihn vorsichtig von Säule zu Säule, von Bogen zu Bogen. Als sein Schritt fester wurde, ging er auf den Stock gestützt in den Garten, maß langsam voranschreitend die Wege aus und genoß das Stehenbleiben vor jeder kleinen Blume, vor jedem winzigen Grashalm, wie Bruder Elias einmal scherzend bemerkte. An den Bewegungen seiner Augen konnte man ablesen, wie die Gesundheit an Leib und Seele voranschritt. Immer höher wagte der Genesende hinaufzuschauen. Immer mehr bemühte er sich, im Kreuzgang die Weite des Gewölbes zu erfahren, über den Kreuzgang hinaus dankbar zum Gewölbe des Himmels emporzublicken.

Heute nun ist die Stunde der Verabschiedung. Es wird allen schwer- und zugleich leichtfallen: schwer, weil man sich gegenseitig liebgewonnen hat; leicht, weil Gott so wunderbar gewirkt hat. »... Gott«, so sagte der Mann, der sich im Klosterfrieden niedergelassen hat, beim Abschiedsgruß, »Gott, dessen Ruhe und Ordnung in jedem Stein des Gewölbes sich spiegelt. Gott, dessen lebendige Gegenwart euch Mönche

der Klostergemeinde durchflutet und zu einem harmonischen Vielklang verbindet. Gott, dessen Geheimnis mir in eurer Gemeinschaft fühlbar, erfahrbar, sichtbar geworden ist.
Nicht zuerst die Heilkraft der Medizin und die warmen Verbände waren es, die mich gesund werden ließen. Nicht einmal die kräftige Nahrung war das wichtigste. Vor allem war es die Geborgenheit, in die ihr mich aufgenommen habt; eine Geborgenheit, die zugleich mütterlich zart wie väterlich stark ist; eine Geborgenheit wie dieser Kreuzgang, in dem wir uns zum Abschied zusammengefunden haben. Er nimmt uns auf, ohne uns einzuschließen. Er führt uns auf seinen Wegen, ohne uns zu zwingen. Er schenkt uns Ruhe und Stille, ohne uns einzuschläfern. Es ist ein Kreuzgang, der nicht nur aus Stein und Bogen und Pflanzen besteht. Es ist ein Kreuzgang, der aus eurem Mühen und Sorgen, aus eurem Gebet und aus eurem Leben erbaut ist.
Ich danke allen, daß ihr mir durch dieses Geborgensein in Gottes Geheimnis mehr geschenkt habt als nur mein irdisches Leben und meine Gesundheit.«
Wie alle Mitbrüder ist Theodulf betroffen von den knappen Worten, die das aussprechen, was auch Theodulf im Herzen spürt, wofür er aber keine so wohlklingenden Worte findet: das Geborgensein in Gottes Güte, das Erspüren seiner Liebe, die Kraft seines Geheimnisses.
Zwei Worte aus der Abschiedsrede will Theodulf behalten: Behütet und zugleich offen. Behütet, weil um ihn ein weiter Mantel von Vertrauen und Angenommensein liegt; offen, weil die Mauern sich nicht abschließen, nicht einengen, sondern zur Weite des Himmels öffnen, zur Weite des göttlichen Geheimnisses, das allein Sinn gibt und den Menschen trägt.
Die Mönchsgemeinde betet:

Vater unser im Himmel, du überspannst die Weite der Schöpfung
und hast zugleich jedes einzelne Geschöpf ins Herz geschlossen.
Vater unser im Himmel, laß uns ausruhen in deinen Armen
und zugleich wach sein für deinen Dienst.
Vater unser im Himmel, öffne unser Herz:
»Nur eines erbitte ich vom Herrn, danach verlangt mich:
im Hause des Herrn zu wohnen alle Tage meines Lebens.«

Vor Cannes liegen die vier Lerinischen Inseln im Meer. Auf der zweitgrößten, Saint-Honorat, steht ein Kloster und auf einer Landzunge, von Wasser umspült, der Klosterdonjon. Diese einmalige Anlage wurde schon sehr früh notwendig. Im Jahre 732 kamen die Sarazenen auf sieben Schiffen und metzelten den Abt des Klosters, Porcaire, und 500 seiner Mitbrüder nieder.
Schon seit dem 7. Jahrhundert bildeten die Lerins-Inseln einen Klosterstaat, in dem laut alten Berichten nicht weniger als 3700 Mönche – vielleicht auch viele Anhänger – lebten. Er erstreckte sich über zwei große und zwei kleine Inseln. 70 Heilige und zahlreiche Bischöfe und Erzbischöfe gingen aus den Lérins hervor.
Immer neue Überfälle brachten Angst, Schrecken und Verluste. So befahl der Abt den Bau des außergewöhnlichen Donjons. Der mächtige Turm birgt ein ganzes Kloster mit Kirche, Kreuzgang und allen notwendigen Mönchsräumen. Was in der daneben stehenden Abtei nebeneinander angeordnet ist, Kirche, Kreuzgang und Refektorium, liegt hier alles übereinander. In dieser Form überdauerte der Donjon die Zeiten, während vom alten Kloster, seinen beiden Kirchen und sieben Kapellen entweder nur Ruinen oder Neubauten aus verschiedenen, auch jüngsten Zeiten erhalten geblieben sind.
Der zweistöckige, verhältnismäßig spät angebaute Kreuzgang gilt in dieser Form mit vollem Recht als einmalig. Was sonst meist auf ein großes Viereck verteilt ist, liegt hier in zwei Stockwerken, die wie manche Doppelkapellen durch einen Schacht in der Mitte untereinander verbunden sind.
Der Donjon ist nicht mehr bewohnt, im danebenliegenden Kloster aber leben heute noch Benediktiner.
(Foto: Zodiaque)

Saint-Monorat
Der zweistöckige
Kreuzgang im
Klosterdonjon

Zusammengeführt im Geist

»Halleluja! Den Herrn will ich preisen von ganzem Herzen im Kreis der Frommen inmitten der Gemeinde« (Psalm 111, 1)

Am nächsten Tag kommen die Mönche mit Prior und Abt im Kapitelsaal zusammen. Er liegt in der Nähe der Abtswohnung und dem Chorraum mit dem Tabernakel. Dort spielt sich das offizielle Leben der Klostergemeinde ab. Dort wird der Abt gewählt: »Wer es wegen Lebensführung und Lehrweisheit verdient, den wähle man, damit er eingesetzt werden kann, auch wenn er in der Rangordnung der Gemeinschaft der letzte wäre.« Dort fallen die Entscheidungen über neue Mitglieder des Konvents, geschieht Versöhnung während des Schuldkapitels; dort hört man die Lesung und betet gemeinsam; dort sitzt man vor dem Abt und vernimmt seine Ermahnungen. Alles, was die Gemeinschaft der Mönche und ihr Leben betrifft, spielt sich hier ab.
Theodulf betritt den Saal stets mit Scheu. Nach der Kirche ist er, als nächstwichtiger Ort der Klosteranlage, durch besonderen Schmuck ausgezeichnet. Aber im Kirchenraum spürt Theodulf Geborgenheit und Wärme durch die Gegenwart des Tabernakels. Hier dagegen lastet im Raum fast feierlich-drückend die Verantwortung der Gemeinschaft. Benedikt hat dem Abt, als Repräsentant der Gemeinschaft, diese Würde aufgebürdet: »Der Abt, der würdig ist, dem Kloster vorzustehen, bleibe sich stets bewußt, wie er genannt wird; er mache den Namen ›Oberer‹ durch seine Taten wahr. Er gilt nämlich im Kloster als Stellvertreter Christi.«
Erst wenn er sich einige Zeit im Kapitelsaal befindet, spürt Theodulf, daß diese Ordnung und Unterordnung unter den Abt nicht Verknechtung, sondern Befreiung besagt; eine Befreiung, die ein Mensch gerade dann erfährt, wenn er sich in eine von Gott kommende Ordnung einfügt. An der Architektur wird es sichtbar: Säulen, Bogen, Kreuzgewölbe mit den wappengeschmückten Schlußsteinen; die Malerei mit ihren

Ornamenten und Figuren, die Kapitelle; Stufen, Sitzbänke, auch die Ruhe der Fußbodenplatten – alles fügt sich harmonisch ineinander und verkündet die Ordnung des Kosmos, die Ordnung Gottes.
Wenn die Mönche im Kapitelsaal ihren Platz einnehmen, dann weiß Theodulf sich eingefügt in den »mystischen Leib Christi«, in die Kirche. Der Abt spricht auch gerne von dem Kloster als »ecclesiola«, als »kleiner Kirche«. Hier muß niemand um seinen Platz kämpfen; jeder weiß sich im Dienst für das Ganze und getragen vom Ganzen. In der Gemeinschaft erfährt er seinen unverwechselbaren Ruf.
Ein einziger Geist beseelt die Mönchsgemeinde. Er ist oft spannungsreich, lebendig, mit Konflikten beladen. Aber es ist der Geist, an dem jeder im Konvent Anteil hat. Jeder hat seinen Platz, den ihm Gottes Geist geschenkt, seinen Platz im Geist der Gemeinschaft Christi.
Der Kapitelsaal erzählt Theodulf von der Einheit und Vielfalt, von der Ordnung und dem Leben seiner Klostergemeinde. Und er erzählt ihm darin vom Geist des lebendigen Gottes. Was er zu berichten hat, ist farbenreich: Er kündet vom Leben der Gemeinschaft, die in jedem jungen Mitglied weiterwächst; hier werden die Toten aufgebahrt, die zu Gott heimgehen. Im Kapitelsaal werden Streitigkeiten versöhnt; die Weisheit der Väter wird verlesen; die Ordnung um den Abt, der den Vorsitz der Gemeinschaft führt, wird sichtbar. Im Kapitelsaal sollen die Mönche ihre Einheit erfahren; ihr Eins-Sein im Geist; im Geist Gottes, der alle zusammenfügt.
Dankbar und glücklich betet Theodulf:

Gottes Geist, Geist der Einheit und der Ordnung,
Geist des Lebens und des Wachstums,
Geist der Kirche und ihrer Sakramente,
Geist eines jeden Christen, der Gott sucht.
Gottes Geist, führe uns zusammen,
schenke uns Achtung voreinander, Verzeihung füreinander,
schenke uns Liebe zueinander.
Gottes Geist, schenke uns Menschen Einheit,
wie du mit dem Vater und dem Sohn eins bist.
»Halleluja! Den Herrn will ich preisen von ganzem Herzen
im Kreis der Frommen inmitten der Gemeinde.«

Kloster Eberbach im Rheingau

Unweit Wiesbaden liegt – in einem schmalen Taunustal – das ehemalige Zisterzienserkloster Eberbach, heute ein Staatsweingut. Vom flachgedeckten romanischen Kreuzgang an der Nordseite der Kirche sind nur noch zwei Galerien übriggeblieben, die nördliche und die westliche. Die anderen sind, wie auch der Brunnen des Refektoriums, verschwunden, der Kapitelsaal (unser Bild) blieb erhalten. Er wurde 1345 errichtet und mit einem schönen Sterngewölbe bedeckt. Dessen Rippen fallen auf einen aus sechs Säulen zusammengesetzten Mittelpfeiler herab. An der Mauer enden sie auf Konsolen. Den breiten Eingang überwölbt ein Rundbogen, daneben öffnet sich auf dem alten Kreuzgang ein Doppelfenster, dessen Bögen in der Mitte auf einer Doppelsäule mit gemeinsamem Abakus ruhen.
Man vergleicht diesen Kapitelsaal gern mit dem der Abtei von Westminster (England). Dieser ist aber achteckig wie der von Salisbury aus dem Jahre 1253.
(Foto: Zodiaque)

Hoffend auf den Herrn

»In die Hände klatschen sollen die Ströme, die Berge jubeln im Chor vor dem Herrn, wenn er kommt, die Erde zu richten« (Psalm 98, 9f)

Nur wenige Schritte sind es vom Kapitelsaal bis zur Pforte, durch die Theodulf mit seinen Mitbrüdern den Mönchschor der Kirche betritt, um Gott zu danken und ihn zu preisen. Von jedem Ort der Klosteranlage sind es nur wenige Schritte bis hin zur geistigen Mitte, zur Kirche. Hier liegt der Sinn des mönchischen Lebens. Benedikt beschreibt ihn lapidar: »Dem Gottesdienst werde also nichts vorgezogen.« Die Basiliusregel legt es fest: »Was immer für ein Werk du zu tun beginnst, rufe zuerst den Herrn an und laß nicht ab, ihm Dank zu sagen, wenn es vollendet ist.« Doch Theodulf weiß, daß es nicht immer leicht ist, so unmittelbar Gott zu danken.

Vor der Zeit des gemeinsamen Gebets sammeln sich daher die Mönche im Kreuzgang, gehen mit eingeschlagenen Händen und einer tief über den Kopf gezogenen Kapuze auf und ab, bis sie gemeinsam durch das Portal den Raum des Betens betreten. Während dieser Minuten des gemeinsamen Sammelns erfährt Theodulf deutlich, daß wir alle noch unterwegs sind, daß wir immer neu die Augen hinwenden müssen zu Ihm, daß wir Pilger sind.

Dic rcchtwinklig aufeinander zulaufenden Hallen des Kreuzgangs; die Säulenreihen, die den Blick auf Blumen und Bäume freigeben; die angrenzenden Gebäude, in denen sich Arbeit und Ruhe, Studium und Essen vollziehen und die sich zum Kreuzgang öffnen; die Kapitelle, das steinerne Lehrbuch vom menschlichen Leben; das Warten und Wachsen und Welken der Jahreszeiten; das Spiel von Licht und Schatten, von Regen und Sonne zwischen den Säulen und dem Garten – alles zeigt an, daß der Mönch auf dem Weg zu Gott ist und er erst hingehen muß zur Liturgie der Ewigkeit. Aber hier im Kloster ist dieses Warten und Hingehen eingebettet in die Ordnung der Mönchsregel und in die

Architektur der Bauten. Der Lauf des Tages und das Schreiten durch die Hallen des Kreuzgangs haben ein Ziel und sind hingeordnet auf dieses Ziel. Auch das Mühen um den rechten Weg ist schon Nachfolge auf dem mühsamen Weg des Herrn, der als erster den Kreuzweg gegangen ist.

Die Ordnung von Raum, Zeit und Leben belehrt Theodulf, daß nicht sein Suchen und Mühen das erste sind, sondern daß er selbst gesucht und geführt ist vom Herrn, der entgegenkommt und uns aus seiner göttlichen Zukunft die Hand in die Gegenwart entgegenstreckt: Tretet ein, kommt zu mir, der Weg ist bereitet.

Dieses Eingeladen-, ja Gezogensein von ihm, der auf uns wartet, schenkt Theodulf beim Eintritt durch die Kirchenpforte Glück. Er spürt in sich die Freude der Israeliten, als sie aus der Wüste über den Jordan einzogen ins Gelobte Land. Er spürt in sich die Sehnsucht, diesen Schritt auf Jesus zu ein für allemal und ganz zu gehen. Aber er spürt noch mehr, daß es eigentlich gar nicht er ist, der den Schritt tut, sondern Jesus, der ihm entgegenkommt. Und manchmal weiß Theodulf: Jesus ist schon ganz nahe! Die Ewigkeit Gottes ist keine verschwimmende Ferne, sondern Nähe im menschgewordenen Wort. Wir können heute schon, jetzt, seine Hand ergreifen.

Und dann beginnt die ganze Welt des Klosters zu sprechen und zu singen von diesem Jesus, der uns überall seine Hand entgegenstreckt und uns zu sich zieht. Was sonst wollen doch die Säulen und die Gewölbe sagen als dies: Der Herr ist nahe! Wohin anders führen denn die Gänge und Wege des Klosters als zu ihm, der da ist! Von was anderem spricht denn der frühlingshelle oder winterweiße Garten als von der Helligkeit des Lichtes, das mit Jesus »in die Finsternis leuchtete«.

Wenn Theodulf in die Kirche eintritt, betet er:

Herr Jesus Christus, Maranatha, komm doch!
    Komm zu uns Mönchen in dieser Klostergemeinde!
    Komm zu deiner Kirche, komm zur Welt!
Herr Jesus Christus, Maranatha, komm doch!
    Schenk uns Zeichen deiner mächtigen Gegenwart!
»In die Hände klatschen sollen die Ströme, die Berge jubeln im Chor vor dem Herrn, wenn er kommt, die Erde zu richten.«

Die Zisterzienserabtei Flaran

Südlich von Condom liegt auf der Strecke nach Auch am Ufer der Baïse die Zisterzienserabtei Flaran. Das 1151 gegründete Kloster wurde 1791 bei der Revolution aufgehoben und an Privatleute verkauft, die es in Ordnung hielten. Durch Brandstiftung wurde es 1970 bis auf einen Flügel des mit einem Gebälk überdachten Kreuzgangs zerstört. Die Abtei gehört heute dem Staat, und das Denkmalamt bemüht sich um die Restaurierung.
Im 14. Jahrhundert war der Kreuzgang schöner ausgeschmückt als die Kirche. Die Galerie setzt sich aus elf spitzbogigen Arkaden zusammen, die von Doppelsäulen mit Blatt- und Blumenkapitellen getragen werden. Aus dem dritten Joch der Kirche führt eine Tür – unser Foto – in den Kreuzgang. Das Tympanon dieser Tür (auf der Seite des Kreuzgangs) schmückt ein ganz flach eingehauenes recht eigenwilliges Christusmonogramm (Alpha / Omega / Chi / Ro / Sonnenrad). Daneben liegen zwei Radkreuze, wie man sie oft als Weihezeichen an den Kirchenwänden findet.
Den Eingang zur Kirche vom Kreuzgang her besonders zu betonen, war selbstverständlich. Man hat so die wichtigste Tür unter den vielen hervorgehoben, die in die Galerien münden.
(Foto: Zodiaque)

Karl Kolb

Der Kreuzgang

Von jeher wurde der Kreuzgang – neben der Kirche – bevorzugt ausgestattet, mehr als jeder andere Teil des Klosters oder Domstifts. Selbst in den frühen Zisterzienserklöstern, zu der Zeit, als man noch streng auf die Vorschriften des heiligen Bernhard von Clairvaux achtete, der die Schmucklosigkeit der Bauten als Ideal betonte, sticht dieser Gebäudekomplex besonders hervor.
Der Kreuzgang als die Mitte des klösterlichen Lebens liegt spätestens seit dem 9. Jahrhundert meist unmittelbar an der Südwand der Kirche, dem geistlichen Zentrum des Klosters oder Stifts. Um ihn gruppieren sich alle Räume, die der Gemeinschaft dienen, sowohl die geistlichen als auch die wirtschaftlichen. Jeder Weg führt über den Kreuzgang, sei es in die Kirche, zur Arbeit, zum Essen oder Schlafen. Dieser Mittelpunkt bildet zugleich den Ort der Besinnung und des Gebets. Schon 567 auf dem Konzil von Tours wurde ein solcher Platz für die Mönche gefordert. Das Atrium, der Hof vor der Kirche, war zu laut, um ungestört in Ruhe beten, lesen und meditieren zu können. Die Außenwelt sollte nicht stören, man wollte wohl im Freien wandeln, aber geschützt, eine blühende Gartenanlage im Innenhof vor Augen.
Zu einem festlichen Raum der Ruhe und Besinnung in seiner wohlausgewogenen Verbindung von Innen und Außen, von Haus und Garten entwickelte sich der Kreuzgang erst im Lauf der Jahrhunderte. Seine grundsätzliche Form erreichte er aber schon im 9. Jahrhundert. Die innere Ausstattung spiegelt danach von Jahrhundert zu Jahrhundert den Stil des Zeitalters wider, ohne an der Grundform etwas zu ändern. Er paßt sich den einzelnen Orden zwar an, aber seine Galerien änderten sich nicht, nur die Räume rundum – und auch das oft nur geringfügig, je nach Lage der Zufahrtswege und oftmals auch der Gebäude, die schon vorher bestanden.

Wenn wir das 9. Jahrhundert als die Zeit nannten, seit der man die Kreuzgänge in der uns gewohnten Form baute, so bedeutet das keine strenge Zäsur, wohl aber eine gewisse Zweiteilung. Denn bereits bei den ersten Klosterbauten gab es einen abgeschlossenen Bezirk, dessen Kern dann der Kreuzgang wurde. Schon die ältesten Klosterregeln gehen von einer äußeren Umfriedung aus, und diese Anlage durfte nur mit der Erlaubnis der Oberen verlassen werden. Diesen Bereich bezeichnete man mit »claustra« oder »claustrum«, ein Wort, das im Laufe der Jahrhunderte manchen Sinnwechsel und in den verschiedenen Sprachen Wandlungen durchmachte, aber letztlich immer das Eingeschlossene, Umschlossene, die Schranke bedeutete. Schließlich bezeichnete »claustrum« das Kloster. Bereits der heilige Basilius (330–379) oder Paulus von Theben der Eremit (228 geboren, er starb nach der Legende im Alter von 113 Jahren) verwendeten es so.
Bis jedoch die Eremiten zum gemeinsamen Leben (zum Koinobion) wirklich zusammenfanden, dauerte es im Westen bis Benedikt (im Osten gründete Pachomios der Ältere die ersten Klöster). Gewiß bildeten die Einsiedler schon vorher kleine Gruppen; jetzt aber versammelten sich kleine Mönchsgemeinschaften unter einem Meister. Die Kirche war ihre Mitte, zu der sie sonntags zogen. Ab Montag lebten sie wieder in ihren Zellen, wie es bei Gervasius nachzulesen ist.
Zur Zeit Benedikts bestanden im Osten bereits große Klöster, besonders in Ägypten. Es gab Gänge – oder besser gesagt: Verbindungswege – zu allen wichtigen Räumen. Die Grundrisse dieser alten Klöster zeigen klar, daß sie nach und nach entstanden sind. Deutlich ist auf dem Plan des syrischen Hauptklosters El-Barah schon im 5. Jahrhundert eine Verbindung zwischen der Kirche und dem Lebensraum der Mönche zu erkennen. Kaum anders darf man sich den »Kreuzgang« des ägyptischen Klosters »Chagqara« vorstellen.
Der Grundplan des ältesten Klosters auf dem Athos – eine Landzunge der Halbinsel Chalkidike – stimmt bereits mit dem des heiligen Benedikt weitgehend überein. Die Klöster auf Athos – eine alte Mönchsrepublik mit heute noch etwa 20 großen Klöstern – entwickelten sich aus Formen, die bis in die Zeit Konstantins und Theodosius' zurückgehen, als große befestigte Burgen und – wie noch viele Jahrhunderte lang – mit zwei Kirchen. Alle Behausungen der Handwerker lagen im

Das Collegio Papio in Ascona

In Ascona am Lago Maggiore liegt das Collegio Papio. Der Ritter und Patrizier Bartolomeo Papio von Ascona (1526–1580), der in Rom lebte, stiftete seiner Heimatstadt das »Kleine Seminar«. Papst Gregor XIII. befahl dann dafür den Bau, den der heilige Karl Borromäus durchführen ließ. Dieses »Päpstliche Kollegium« nahm fünf Tage vor dem Tod Karls am 30. Oktober 1584 die ersten Schüler auf. Ein Jahr später begann man den Säulenhof an die Kirche anzubauen. Seit 1602, dem Jahr der Fertigstellung dieses Kollegiums, betreuten Oblatenpriester ein fünfklassiges Gymnasium, das besonders Priesteramtskandidaten aufnahm. 1798 wurde das Kolleg aufgelöst und 1852 säkularisiert. Später erhielten es die Bischöfe von Como, dann die Bischöfe von Turin und schließlich die Salesianer in Turin. Erst 1924 übernahmen die Benediktiner von Einsiedeln das Kolleg und leiten dort ein achtklassiges literarisch-technisches Gymnasium.

Den zweigeschossigen Kreuzgang baute Architekt Pellegrino Pellegrini von Valsalda zwischen 1585–1602 im Auftrag des heiligen Karl Borromäus. Der Schmuck besteht in den rötlichen Säulen aus Baveno am Lago Maggiore und den Wappenschildern der jeweiligen Protektoren des Kollegiums: angefangen mit Papst Gregor XIII. (gest. 1585) und endend mit dem vom Bischof Bacciarinus (gest. 1935), der das Kolleg den Benediktinern übergab. Die meisten waren Kardinal-Erzbischöfe von Mailand. In einer Nische der Nordwand des Kreuzgangs steht die Büste des Stifters Bartolomeo Papio.

Dieser Kreuzgang ist sowohl in seiner Form wie von seiner Aufgabe her ein recht moderner Bau, obwohl auch hier das Wesensmäßige und der Grundgedanke des Kreuzgangs bestimmend sind.

(Foto: Kolb)

umfriedeten Klosterbereich verstreut. Die wirtschaftliche Mitte des Lebens war der Brunnen – und er sollte es bleiben. Er ermöglichte überhaupt erst das Leben einer solchen Gemeinde.
Wahrscheinlich sahen auch die Anlagen im Westen damals mehr oder weniger zusammengewürfelt aus. Die alte Darstellung von Saint-Riquier (Centula bei Abbeville) zeigt solche Verbindungswege zwischen Kirche und Kapellen, die aus dem 8. Jahrhundert stammen. Sie waren überdacht. Die Form – obwohl vier Seiten – bildet nahezu ein Dreieck. Albert Lenoir (1852) rechnet ihn deswegen zu den dreieckigen Kreuzgängen, die der heilige Angilbert in karolingischer Zeit zu Ehren der heiligen Dreifaltigkeit anlegen ließ. Die Verbindungsgänge in St-Riquier bestanden in dieser Form noch im 11. Jahrhundert. Nach der Zerstörung der alten Anlage errichtete man die spätgotische Kirche mit einem prächtigen Kreuzgang vor der Abteikirche.
Auch der Kathedralbezirk in Genf besaß, wie die letzten Ausgrabungen zeigen, zwei nebeneinanderstehende Kirchen und dazwischen eine Art Kreuzgang. Diese Anlage aus dem 3. Jahrhundert, wohl von Mönchen bzw. Stiftsherren bewohnt, birgt ebenso wie die Athosklosterburgen weitere Bauten, dazu eine dritte Kirche als Konzilsgebäude. Die Anlage war wie die auf Athos befestigt.
Dagegen finden wir beim heiligen Benedikt fast zwei Jahrhunderte später noch keine Beschreibung des Kreuzgangs. In der »Regel« entdeckt man das Oratorium, den Brunnen, das Refektorium und den Klostergarten. Vielleicht hat dieser Garten seine Stelle eingenommen. Die Oratorien waren Johannes dem Täufer und dem heiligen Martin geweiht, wie viele Kirchen der Frühzeit. Einen der ältesten Kreuzgänge, der bereits an die Kirche angrenzt, besitzt »San Vincenzo a tre fontane« in Rom aus dem 7. Jahrhundert.
Aus der Zeit um 800 ist uns der »St. Galler Klosterplan« überliefert, ein Idealplan, der nie exakt verwirklicht wurde, dessen Grundprinzipien aber jahrhundertelang als eine gewisse Richtschnur Geltung hatten. Danach blieb der Kreuzgang eine quadratische Idealform an der Südseite der Kirche.
Im Laufe der Zeit unterlag der Kreuzgang den unterschiedlichsten Entwicklungen. So spiegelt er nicht nur den Stil einer Epoche, sondern auch die Auffassung der einzelnen Gemeinschaften über klösterliches

Zusammenleben wider: von der kargen Architektur der Chalaiser, einem noch strengeren Reformorden als die Zisterzienser, bis zu barokken Prunkbauten und modernen Zweckformen.
Vergleicht man einen Kreuzgang wie den von Zwettl (Abb. Seite 83) mit einem alten romanischen wie in Nieul-sur-l'Autise (Titelbild) werden die Unterschiede augenfällig. Zwettl entstand zur Zeit der Hochblüte der Zisterzienser. Gerade in Österreich findet man diese Bauten aus der Zeit um die Wende vom 13. zum 14. Jahrhundert. Sie sind sich ähnlich wie Geschwister. Denn die Zisterzienser hatten immer schon ihre eigenen Bauhütten – bisweilen sieben zur gleichen Zeit–, die durch ganz Europa zogen und die Bauten für den Orden errichteten.
Im Süden Europas, in Spanien oder Sizilien, begegnen uns Prachtbauten, die aber dennoch ihrer angestammten Aufgabe treu bleiben. Im Tessin stehen wie in Ascona (Abb. Seite 75) Werke aus der Renaissance, die nahezu nüchtern wirken. In Süddeutschland entstanden im Barock große, prachtvolle Gebäude, die auch in den Kreuzgängen ihre Zeit nicht verleugneten; zur Zeit der Aufklärung wurden die meisten von ihnen zerstört. Auch unsere Zeit fand für den Kreuzgang ihre Form, wie etwa Le Corbusier für das Dominikanerkloster in Eveux-l'Arbresle bei Lyon.

Kreuzgang – cloître – chiostro – cloister

Im deutschsprachigen Raum gibt es im Gegensatz zum übrigen Europa für den »Kreuzgang« dieses ganz spezielle Wort. Es meint nur den Gebäudeteil, den wir hier behandeln. Die Wortdeutung ist unterschiedlich.
Weil früher Kreuzgänge auch Gewölbe trugen und heute noch tragen, findet sich – besonders in der älteren Literatur – die Ableitung vom Kreuzgewölbe: der Gang unter dem Kreuz. Eine zweite Auffassung leitet sich aus der Vorstellung ab, der Name käme von den Prozessionen oder Umgängen im Kreuzgang: der Gang mit dem Kreuz. Eine dritte geht von der überlebensgroßen Kreuzigungsgruppe aus, der man sich

Die Kreuzigungsgruppe im Domkreuzgang zu Würzburg

Der gotische Kreuzgang südlich des Doms wurde in der ersten Hälfte des 15. Jahrhunderts errichtet. Er hatte einen romanischen Vorgängerbau, der wohl kurz nach der Fertigstellung der Bischofskirche angefügt worden war. Viele Grabdenkmäler in den Galerien stammen aus dem 15. bis 18. Jahrhundert. Im 19. Jahrhundert hat man weitere aus dem Domfriedhof hierher gebracht. Auch einige der Barockbildhauer Würzburgs schufen Epitaphe, die heute noch in den Galerien stehen.
Einer der bedeutendsten dieser Würzburger Barockkünstler, Lukas van der Auwera, arbeitete die hier abgebildete Kreuzigung für die Ecke im Westflügel. Sicher hatte diese Gruppe bereits eine Vorgängerin in der sonst leeren Nische. Aber in der Zeit des Barocks, die in Würzburg besonders schöpferisch war, wurde manches im Kreuzgang erneuert.
Die große Auwera-Familie lieferte damals zahlreiche Arbeiten für Würzburg, darunter nicht wenige Hausmadonnen, und es zeigt die Bedeutung Lukas Anton Auweras, daß er vom Domstift diesen Auftrag erhielt. Es ist eines seiner letzten Werke – drei Jahre vor seinem Tod entstanden.
Das Chronogramm in jeder der Inschriften auf den drei Sockeln ergibt die Jahreszahl 1763. Außerdem liest man in der rechten unteren Ecke der Kartusche des Kreuzsockels: LUCAS AUWERA FECIT.
(Foto: Zwicker)

oft beim Eintritt in den Kreuzgang von der Kirche aus gegenübersieht: der Gang zum Kreuz.
Im außerdeutschen Sprachbereich sind die Vorstellungen einheitlicher und eindeutiger. Ob französisch, englisch, italienisch, lateinisch oder spanisch: das Wort meint immer das eingefriedete Kloster, also in etwa wie unsere Worte »Klausur« und »Klause«. Das englische Wort cloister bedeutet nicht nur Kreuzgang, sondern gedeckter Innenhof, wie auch: ins Kloster gehen, sich von der Welt abwenden. Das italienische »chiostro« umfaßt sowohl Kreuzgang wie Kloster und poetisch auch Einfriedung. Das französische »cloître« meint nicht nur Kreuzgang, sondern das Kloster selbst, den Konvent. Man kann »entrer en cloître«, in das Kloster eintreten. Aber auch der umschlossene Hof für die Kanoniker an der Kathedrale heißt »cloître«.
Der Kreuzgang war also in fast allen fremden Sprachen nahezu gleichbedeutend mit dem Kloster insgesamt. Er war die Mitte, das Wesentliche, der Inbegriff des Klosters, ja sogar das Synonym für das Kloster selbst. Auch seine ungewöhnliche Ausstattung, oft fast so kostbar wie die der Kirche, deutet darauf hin, daß der Kreuzgang mehr war als der Verbindungsgang zwischen Kirche, Kapitelsaal und Klostergebäude. Er war wesentlicher Teil des klösterlichen Lebens, das pulsierende Herz des Ganzen. So kannte der St. Galler Klosterplan keinen eigenen Kapitelsaal, wohl aber einen Kreuzgang, in dem das Kapitel abgehalten wurde, denn in der Kirche trat das Kapitel nie zusammen. Der gut ausgestattete Kapitelsaal entstand erst bei den Zisterziensern.

Die architektonische Gestaltung der Kreuzgänge

Rein technisch ist der Kreuzgang nach dem St. Galler Klosterplan ein rechteckiger oder quadratischer Innenhof, von überdachten Wandelgängen umschlossen. Den Ursprung dieser Bauform sieht man – formal – im Atrium oder der Peristylanlage antiker Wohnbauten.
Das Atrium war der Hauptraum des römischen Wohnhauses, in dem

in ältester Zeit auch der Herd stand. Später erhielt das Dach, das sich zur Mitte hin neigte, eine viereckige Öffnung (Compluvium) im Zentrum, so daß der Regen (pluvia) in das darunter liegende Bassin, das Impluvium, abfließen konnte. Dann wurde das Compluvium vergrößert und durch Säulen abgestützt. Damit wurde das Atrium zur offenen Halle und diente als Empfangsraum.

Dieser Form begegnet man im Atrium der christlichen Basilika als deren Vorhof; er war gleich breit wie diese. Das Atrium wurde von einer Säulenhalle – Peristyl – umgeben und besaß in der Mitte einen Brunnen für die rituellen Waschungen. Dieser in Rom (z. B. San Clemente) entstandene Typ – auch »Paradies« genannt – blieb bis ins frühe Mittelalter üblich (Sant'Ambrogio, Mailand; Münster in Essen). Daraus entwickelte sich später eine schmale Vorhalle, die den Namen »Paradies« beibehielt. Aus diesem ruhigeren Platz dagegen, den das Konzil von Trient forderte, entstand dann der Kreuzgang, der sich zum Innenhof immer in großen Arkaden öffnet. Soweit sie verglast sind, ist es ein Werk späterer Jahrhunderte.

Der Gang selbst ist im allgemeinen etwa 3,50 Meter breit. Während die Breite auch bei großen barocken Kreuzgängen kaum variiert, weichen die Längen oft weit voneinander ab; das strenge Quadrat ist selten. Meist bildet der Kreuzgang ein Viereck, kaum einmal ein genau rechtwinkliges. Mit einer Seite lehnt er an einer Kloster- oder Domkirche und an den drei anderen Seiten begrenzen ihn Gebäude, die dem Gemeinschaftsleben der Mönche oder Domherren dienen.

Ihr Licht erhalten die Gänge durch die Arkaden, die sich in den Garten oder Hof öffnen. Das Dach wird gestützt durch die Galerien zum Innenhof und die Wände der Gebäude, die sich rings um den Kreuzgang gruppieren. Getragen wird es – ob Gebälk, Tonne, Kreuz- oder Kreuzgratgewölbe – überwiegend von den Kapitellen der Galerie und den Kämpfern an der Rückwand.

Kapitell und Kämpfer zeigen im Mittelalter oft plastischen Schmuck: Szenen aus dem Alten und Neuen Testament, Heiligenlegenden, Ordensgeschichten, Blatt- und andere Ornamentik oder Fratzen und Monster aus den Bestiarien des Mittelalters, was Bernhard von Clairvaux scharf verurteilte, weil diese Fabelwesen die Mönche zu sehr ablenkten.

KREUZGANG DES ZISTERZIENSERSTIFTS ZWETTL

Das Stift Zwettl liegt einige Kilometer nördlich der Stadt Zwettl an der Grenze Österreichs zur Tschechoslowakei. 1138 gründete Kuenring das Stift.
Der Kreuzgang zählt zu den drei größten in Österreich. Seinen guten Erhaltungszustand verdankt er – wie zum Beispiel auch Mont Saint-Michel – dem beim Bau verwendeten Granit. Seine Eigenart entstammt der Zeit: zwischen 1204 bis 1217 geschaffen, vereinigt er romanische und gotische Elemente. Dabei wirken die frühgotischen Kreuzgewölbe so schwer, daß sie die Romanik nicht vergessen lassen, die Doppelsäulen, die je ein Joch in vier Abschnitte teilen, sind aber so dünn, daß sie schon an Gotik erinnern. Im Brunnenhaus setzt sich der Kreuzgang fast nahtlos in den Innenhof hinein fort. Das barocke Wasserbecken stammt aber erst aus dem Jahre 1706. Dagegen ist der Kapitelsaal als ältester Teil noch von 1187, aber schon mit Kreuzrippengewölbe, auf einer Mittelsäule aus Granit ruhend.
Die Zisterzienser trugen durch ihre Bauhütten, die durch ganz Europa zogen, gleichbleibende Formen weiter. So empfindet man deren Klöster in Österreich: Lilienfeld, Heiligenkreuz und in der Schweiz die Abtei Hauterive bei Freiburg wie Schwestern, für die Fontenay in Frankreich das Vorbild war.
(Foto: Johannes Steiner)

In Spanien und Sizilien entstanden Kreuzgänge, die aufwendiger ausgestattet wurden als die dazugehörigen Kirchen: z. B. die Kreuzgänge von St. Benedikt in Bages (13. Jahrhundert); der trapezförmige Kreuzgang an der Kathedrale von Gerona (erbaut um 1150, um 1300 »modernisiert«); der zweistöckige Kreuzgang in San Cugat del Vallés (der zweite Stock stammt erst aus dem 16. Jahrhundert); und schließlich der Kreuzgang in Estany (Ende des 12. Jahrhunderts). Gewiß ist auch deren Architektur mit Doppelsäulen, einem Gebälk oder einer ganz schlichten Tonne bemerkenswert; gemeinsam aber ragen sie gegenüber vielen anderen durch ihre geschmückten Kapitelle hervor.
Ein Gebäudeteil, der sich im Lauf der Jahrhunderte entwickelt und dann ein Jahrtausend lang die wesentliche Mitte einer Gemeinschaft bleibt – selbstverständlich immer neben der Kirche –, muß aber mehr sein als ein Stück Architektur mit festliegenden Maßen und Formen.

Die Bedeutung des Kreuzgangs

Der Kreuzgang war von Anfang an ein Ort der Besinnung. Schon das bereits erwähnte Konzil von Tours forderte einen Bereich für die Mönche – unabhängig vom Atrium vor der Kirche –, der jede Störung durch die Außenwelt ausschloß, wo man aber dennoch im Freien wandeln konnte.
Die Baumeister fanden für den Kreuzgang Formen, um diese Funktionen zu fördern. Die Aufgabenstellung führte zu grandiosen Leistungen. Klöster, die inzwischen weltberühmte Namen tragen, wären kaum über ihren engsten Raum hinaus bekannt geworden ohne ihren Kreuzgang, wie z. B. Santo Domingo in Silos (Abb. Seite 55) und Monreale auf Sizilien (Abb. Seite 87)
Auch die Ausstattung ist keineswegs ohne Bedeutung. Glatte Wände erwecken andere Empfindungen als Rauhputz, eine Steinmauer andere als kunstvolle gotische Fensterrahmungen wie etwa in Silos.
Der Kreuzgang wurde von den Mönchen tagtäglich zu vielerlei Dingen

benutzt und sei es nur als Verbindungsweg zu anderen Räumen. Das mönchische Leben im Kreuzgang war – im Vergleich zur Kirche – etwas freier, aber doch durch die Vorschriften der Klostersitte geregelt. So ist auch der Kreuzgang ein Ort der Ruhe, gesprochen wird nur im Parlatorium und im Auditorium; selbst für die Küche gab es beispielsweise in Hirsau eine Art Zeichensprache.
Eine der wichtigsten Aufgaben des Kreuzgangs war die »Statio«. Hier traten die Mönche zu den Tageszeiten zusammen. Auf ein Zeichen hin kamen sie von ihren Arbeiten herbei, um gemeinsam in geschlossener Prozession in die Kirche einzuziehen.

Rund um den Kreuzgang

Vor dem 8. Jahrhundert, als feste Formen noch fehlten, waren die notwendigen Gemeinschaftsräume schon rund um einen Hof gruppiert, wie bei den Kartäusern heute noch. Über die Lage der einzelnen Einrichtungen rund um den Gang gibt es unterschiedliche Auffassungen.

Der Kapitelsaal

Der Kapitelsaal hat seinen Namen von dem »Kapitel« der heiligen Regel, das man am Schluß der Prim in diesem Raum vorlas. Er entstand verhältnismäßig spät und diente zugleich als Beratungs-, Sitzungs- und Gerichtssaal, Funktionen, die zuvor der Kreuzgang innehatte. Der Kapitelsaal erhielt seinen geistlichen Charakter meist durch einen Altar, immer aber durch ein Kruzifix. Im Kapitelsaal fanden wichtige Zeremonien statt: Abtwahl, Novizenaufnahme, Profeß, Schuldkapitel und geistliche Konferenzen. Er diente der ganzen Klosterfamilie und wurde, wie der Kreuzgang, Begräbnisstätte.

Zwei weitere Bauten – Refektorium und Brunnenhaus – blieben eng

Der Kreuzgang der Benediktinerabtei Monreale

Monreale im Conca d'Oro (goldene Muschel), dem Tal von Palermo, ist ein altes Bischofsstädtchen, rund um die Benediktinerabtei des 12. Jahrhunderts gruppiert. Der Kreuzgang ist nicht weniger berühmt als die Kathedrale (erbaut seit 1174 unter dem Normannenkönig Wilhelm II.), die die Stadt beherrscht.
Jede der Galerien mißt 47 Meter, das ergibt einen genau quadratischen, ungewöhnlich großen Kreuzgang. Die Ruhe, die er ausstrahlt, ist nicht zuletzt in den vollendeten Proportionen begründet. Die eleganten arabischen Spitzbogen mit einem inneren Wulst und doppelter Umrandung sind durch Einlagen von Lava und Kalkstein zweifarbig.
Die Bögen ruhen auf Doppelkapitellen. Solchen Kapitellen, neben rein dekorativen mit Blattwerk aller Art, folgen hin und wieder Figurenkapitelle. Dabei bilden die nebeneinander liegenden eine erzählerische Einheit. Hier findet man alles zusammen: christliche und heidnische Motive, Menschen und Tiere, Akrobaten und Jagdszenen, Ackerbau und Weinernte, dazwischen christliche Symbolik, die auf manche Säulen übergreift.
Ebenso abwechslungsreich wie die Kapitelle sind die schlanken Doppelsäulen – an den Ecken vier – neben schlichten glatten, gedreht, mit Zackenmuster, Mosaikeinlagen und Reliefs, zusammen 228 Säulen.
Das Brunnenhaus (unser Bild) in der Südwestecke des Kreuzgangs ist eine kleine Säulenhalle, in deren Mitte aus einer dünnen Säule das Wasser ständig sprudelt und in ein elegantes Steinbecken fließt. Dieser Springbrunnen heißt »Königsquelle«, weil Wilhelm II. das Wasser in den Kreuzgang leiten ließ.
Der Kreuzgang weist eine Kuriosität auf: Verschnürungen auf den Deckplatten der Kapitelle, die keinerlei Zusammenhang mit dem übrigen Bauwerk haben. Hier konnten – zum Schutz gegen die Hitze – Platten eingehängt werden.
Dieser Kreuzgang ist einer der wenigen, ganz in ursprünglicher Form erhalten gebliebenen, heute allerdings dient er nicht mehr dem mönchischen Leben, sondern als Museum.
Der Kreuzgang dürfte kurz nach dem Tod Wilhelms II. († 1189) fertiggestellt worden sein. Man nimmt an, daß verschiedene Meister mit ihren Hütten daran gearbeitet haben, wobei trotz des maurisch orientalischen Gesamteindrucks zum Beispiel die Kapitelle den Einfluß der provenzalischen Kunst von Arles und auch Beziehungen zu Kampanien (Neapel) nicht ausschließen. Da wir wissen, wie weit die burgundische und provenzalische Kunst ausstrahlte und sich auch selbst befruchten ließ, liegt die Annahme solcher Beziehungen nahe.
(Foto: F. A. Belgiorno).

mit dem Kreuzgang verbunden und behielten ihre eigenständige Bedeutung, während andere Funktionen an den Kapitelsaal abgegeben wurden.

Das Refektorium und das Brunnenhaus

Refektorium und Brunnenhaus bilden meist mit dem Kreuzgang eine bauliche Einheit. Das Brunnenhaus ragt bisweilen als eine Art Kapelle in den Innenhof des Kreuzgangs hinein. Das Refektorium liegt gewöhnlich dem Brunnenhaus gegenüber, weil sich jeder vor dem Betreten des gemeinsamen Speisesaals die Hände waschen mußte. Das Refektorium ist im allgemeinen nach der Kirche der größte Raum des Klosters (etwa 240 bis 250 Quadratmeter), größer als der Kapitelsaal und mindestens ebenso repräsentativ. Schon auf Athos war das Refektorium mit Malereien und »Marmortafeln« (wohl Reliefs) ausgestattet. Das Refektorium ist mit dem Küchentrakt verbunden und hatte größere Bedeutung, weil hier die gemeinsame Eucharistiefeier ihre Fortsetzung im profanen Miteinander fand. Auch so erhielt die vorherige Waschung ihren symbolischen Sinn.
Das Lavatorium, die Brunnenkapelle im Kreuzgang, war früher der Waschraum (ursprünglich nur ein ausgehöhlter Baumstamm), und man nannte ihn auch so. Erst die prunkvolle Ausgestaltung zur Brunnen»kapelle« nahm ihm seine eigentliche Funktion. Hier wusch man sich gegenseitig die Füße, besonders während der Fastenzeit.
Das Brunnenhaus, das die Zisterzienser von den Benediktinern übernahmen, wurde im 13./14. Jahrhundert zu einem oft aufwendigen Gebäude, einem kleinen Zentralbau, der mit dem Kreuzgang eine Einheit bildete. In den südlichen Ländern ist es oft reich ausgestattet, wie in Monreale (Abb. Seite 87), Batalha (Umschlag Rückseite) und Guadelupe. Auch nördlich der Alpen führte die Gestaltung des Brunnenhauses zu architektonischen Glanzleistungen wie z. B. in Stift Zwettl am Ende des 13. Jahrhunderts (Abb. Seite 83) oder im Kloster Maulbronn Mitte des 14. Jahrhunderts.

Die Marienkapelle

Die Marienkapelle liegt wie der Kapitelsaal am Kreuzgang an. Hier wurden auch zwei Gebetszeiten »Matutinae« abgehalten. Die Prozession der Mönche ging von der Kirche durch den Kreuzgang zur Marienkapelle, um (nach den Nocturnen und der Vesper) dort das »Salve Regina« zu singen. Die Marienkapelle erlangte in den Zeiten besonderer Marienverehrung eine herausragende Bedeutung. Sie war und blieb über den Kreuzgang mit der Kirche verbunden. Dorthin zog man, um weiterzubeten. Sie war auch die Kirche für die Kranken und Schwachen des Klosters, für alle, die nicht imstande waren, das gesamte Chorgebet zu absolvieren. Als Kranker wandte man sich an die Gottesmutter, Trösterin der Schwachen und Bedrückten. Besonders Cluny hat die »Mater misericordiae« verehrt.

Das Simandron

Glocken sind eine verhältnismäßig späte Einrichtung. Die Zisterzienser begnügten sich mit einem kleinen Dachreiter für ihre Glocke. In Montmajour findet sich heute noch über dem Kreuzgang eine kleine Glockenwand. Jedenfalls läutete für die Tagzeiten der Mönche viele Jahrhunderte lang keine Glocke. Um die Gemeinschaft zusammenzurufen, ertönte das kleine oder große Simandron. Ein Mönch eilte damit durch das Kloster. Das große Simandron konnte man auch von einem Turm aus schlagen. Das kleine war ein Holz- oder Eisenstück, an einer Schnur gehalten und mit dem Hammer geschlagen. Das zwei Meter große Simandron mit einer Schnur lag auf der Schulter. Die Schnur hielt der Mönch zwischen den Zähnen, um die Hände frei zu haben, mit denen er mit Hämmern das Simandron in einem entsprechenden Rhythmus zum Klingen brachte. Sicher benutzte man, als es bereits Glocken gab, dieses Instrument weiter, jedenfalls bis ins 12. Jahrhundert hinein, in der Ostkirche noch länger. Als in Aachen durch Karl den Großen die ersten Glocken aufgehängt wurden (heute in der Glokkenwand), war das ein geschichtliches Ereignis.

Andere Zeremonien, denen der Kreuzgang diente und noch dient –

Der Kreuzgang am Baseler Münster war bis ins frühe 19. Jahrhundert eine der »würdigsten Grabstätten« der Stadt. Zwischen 1440 und 1460 wurde der romanische Kreuzgang im gotischen Stil erneuert und zwischen 1467 und 1487 eine große Halle und ein zweiter Kreuzgang hinzugefügt, dieser bereits spätgotisch. Auch er hatte schon einen älteren Vorgänger aus der Mitte des 14. Jahrhunderts.
Die rund dreißigjährige Bauzeit – Ostflügel 1429 und 1442, Südflügel etwa 1447, Westflügel um 1460 – läßt sich als stete Weiterentwicklung am großen Kreuzgang auch an der Decke ablesen. Wenn man die Gänge entlangschreitet, entdeckt man immer kompliziertere Deckenformen von einfachen Netzgewölben, wie auf unserem Bild, bis zu schönen umfangreichen Deckenrosen.
(Foto: Kolb)

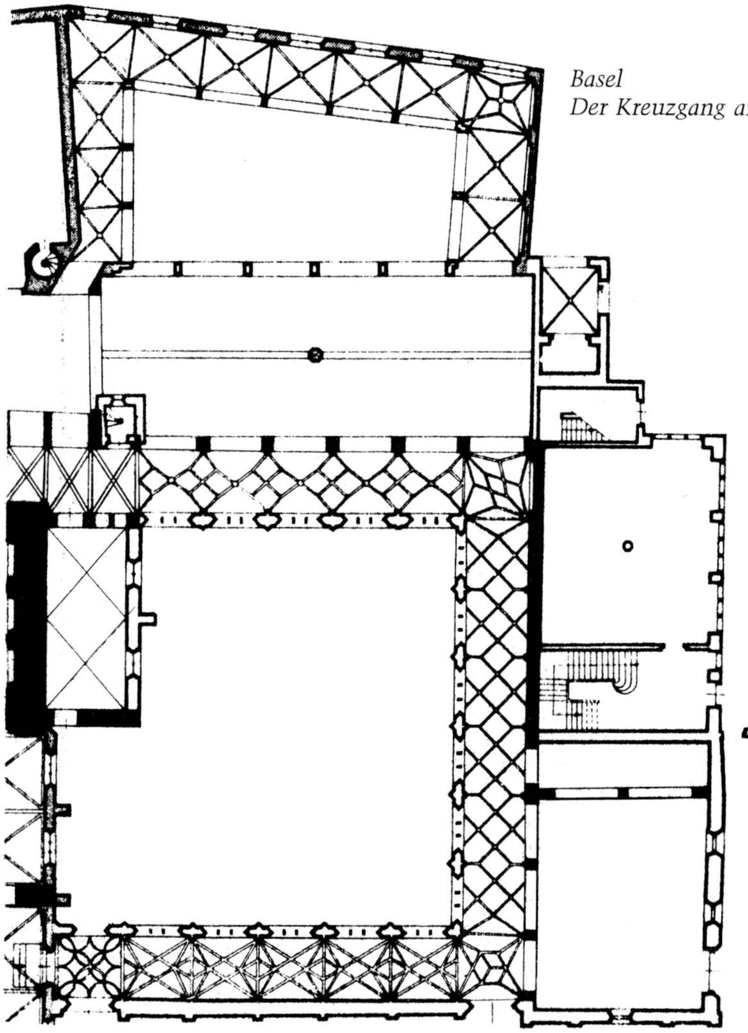

Basel
Der Kreuzgang am Münster

vgl. z.B. das Bild aus unseren Tagen aus dem Kloster Bec-Hellouin (Abb. Seite 39) – waren in den Jahrhunderten verschieden und je nach Kloster bzw. Orden anders akzentuiert. Nie aber wurde vergessen, was den Bau der Kreuzgänge veranlaßt hatte: einen Ort der Stille, einen Ort des Lebens, des Umherwandelns zu schaffen, ja einen Ort der Meditation, des Nachdenkens...

Außergewöhnliche Kreuzgänge

»Außergewöhnliche Kreuzgänge« meint nicht die dreieckigen oder fünfeckigen, von denen die ältere Literatur spricht, sondern solche, die durch ihre Lage oder die Aufgabe ungewohnte Formen erhielten. Besonders Frankreich liefert eindringliche Beispiele.

Brou

In Brou vor den Toren von Bourg-en-Bresse liegt ein Kloster – heute ein großes Museum – das sich als das Ergebnis verschiedener An- und Umbauten durch Männer- und Frauenorden zeigt. Da keiner von diesen auf einen eigenen Kreuzgang verzichten wollte oder konnte, macht die Anlage fast den Eindruck von ineinandergebauten Kreuzgängen.
Kirchen mit mehreren Kreuzgängen finden sich auch am Münster in Basel (Abb. Seite 91) oder im Kloster Batalha in Portugal (Umschlag Rückseite).

Mont Saint-Michel

Draußen im Meer am Rand der Normandie liegt in der Bucht von Saint-Malo die niemals bezwungene Klosterfestung. Der Granitfelsen ist hart und der Platz eng, aber auf den Kreuzgang wollte man nicht verzichten. So entstand ein einmaliges Meisterwerk der Architektur. Der Felsen bot keinen Platz neben der Kirche. So baute man den Kreuzgang als Dachanlage auf das Westwerk von »La Merveille« (dem Wunderwerk) über dem Rittersaal, unter dem sogar Vorratskeller liegen. Einerseits war es so möglich, von der Kirche in den Kreuzgang zu gelangen, andererseits bildet dieser Kreuzgang das Dach des Rittersaals. Da man weder die üblichen Arkadengänge rings um die Grünfläche in der Mitte noch ein Dach als Wetterschutz missen wollte, entstand eine erfindungsreiche Konstruktion, die die ganze Anlage so leicht wie möglich machte (s. Abb. Seite 15 und 31).

Saint-Honorat

Ein weiteres Beispiel findet sich am Rand des Mittelmeers, auf einer schmalen Landzunge einer der Lerinischen Inseln: St-Honorat. Hier brachte man in einem Donjon (Wehrturm) ein ganzes Kloster unter. Ständige Überfälle durch die Sarazenen machten diese Anlage notwendig. Da ein solch schmaler Turm für einen weitläufigen Kreuzgang keinen Platz hat und man andererseits auf keinen Fall darauf verzichten wollte, baute man ihn zweistöckig übereinander (siehe Zeichnung Seite 64). Es ist zwar nicht die einzige zweistöckige Anlage (vgl. die Abtei San Fruttuoso in Capo di Monte direkt am Meer bei Genua und alle hier abgebildeten), aber die einzige in einem Donjon.
Diese Beispiele zeigen, wie selbstverständlich der Kreuzgang zum Kloster gehörte, so daß man immer eine Möglichkeit suchte, ihn zu schaffen, auch bei noch so ungünstigen Voraussetzungen.

Sainte-Marie de la Tourette

Auch unsere Zeit fand für Klosterbauten ihre Form. Kein Geringerer als Le Corbusier baute 1957 in Eveux-l'Arbresle (bei Lyon) das Dominikanerkloster »Sainte-Marie de la Tourette« mit einem modernen Kreuzgang. Das ganze Kloster wurde ein nach außen geschlossenes Viereck, in dem innen der Kreuzgang liegt. Le Corbusier spricht über sein Werk und den »Kreuzgang, der zur Kirche führt« und er schließt wörtlich: »Es ging darum, den Mönchen Wohnung zu geben, indem man versuchte, ihnen das zu vermitteln, was die Menschen von heute am dringendsten brauchen: Stille und Frieden. Die Mönche stellen sich in dieser Stille Gott. Dieses Kloster aus rohem Beton ist ein Werk der Liebe. Man kann darüber nicht reden. Es lebt aus seinem Innern. Im Innern geschieht das Wesentliche« (Der Konvent Ste-Marie de la Tourette in Eveux, Lyon 1971, S. 84).

Ein weiter Bogen spannt sich über die Jahrhunderte, aus der Blütezeit der Reichenau oder von St. Gallen bis zu La Tourette. Die Mönche bestimmten damals nicht nur die Klosterbauten wie in St. Gallen, sie waren kultureller und religiöser Mittelpunkt wie auf der Reichenau. Diese Klosterinsel bezeichnete man zur Zeit Karls des Großen als »die Wiege der Kultur«. Mönche stellten die Bischöfe und die Kanzler des Kaisers und gehörten zum Kaiserhof in Aachen und dessen Akademie. Die Klöster formten die Männer, die das damalige Europa mitbestimmten.

Zum Umschlag-Titelbild: Der Kreuzgang des Klosters Nieul-sur-l'Autise

Nieul-sur-l'Autise liegt an der Autise zwischen Niort und Fontenayle-Comte etwa 70 Kilometer östlich von La Rochelle im Departement Côte de l'Atlantique in der Vendée. Im Jahre 1068 siedelte Arnold Gassedener, einer der Herren von Vouvant, eine Gruppe regulierter Kanoniker in Nieul an. Durch Schenkungen auch des Herzogs von Aquitanien, Guy Geoffroy Guillaume, und Privilegien in den Jahren um 1076 konnte die Gemeinschaft den Bau einer großen Kirche in Angriff nehmen. Papst Innozenz II. verpflichtete die Gemeinschaft auf die Ordensregel des heiligen Augustinus. 1568 zerstörten die Protestanten das Kloster und zündeten die Kirche an. Ein übriges brachte die Revolution. Erst Mitte des 19. Jahrhunderts wurde die Abtei unter Denkmalschutz gestellt. So blieb nicht nur die restaurierte romanische Kirche aus dem 11./12. Jahrhundert erhalten, sondern auch der Kreuzgang und der Kapitelsaal aus dem 12. Jahrhundert. Von der übrigen Abtei steht aber nichts mehr. Der romanische Kreuzgang gilt auch heute noch als der bemerkenswerteste Teil der Anlage. Von den Abteien der Vendée ist er der einzige erhaltengebliebene aus dem 12. Jahrhundert. Nach der Revolution war er lange Zeit Privateigentum, bis ihn im Jahre 1968 der Diözesan-Verband, der ihn geerbt hatte, dem Departement übereignete.
Besonders beeindruckt am Kreuzgang das Tonnengewölbe, das alle Galerien bedeckt, verblüffend bei einem Bauwerk aus dem 12. Jahrhundert. Es verleiht ihm eine ausgeglichene Würde und Ruhe. Die wuchtigen Säulenbündel tragen jeweils einen Gewölbezwickel. Diese eigenartige Lösung führte besonders an den vier Ecken zu imposanten Formen. Sie ergeben sich aus dem Zusammentreffen der niedrigen Gewölbe der Galerien mit den hohen Bogenöffnungen. An der Ostseite liegt der ebenfalls noch erhaltene Kapitelsaal mit einer ähnlichen Gewölbekonstruktion wie der Kreuzgang.
(Foto: Zodiaque)

Umschlag-Rückseite: Batalha in Portugal

In Batalha, einer Stadt mit 7000 Einwohnern, zwischen Lissabon und Porto gelegen, besitzt das »Mosteiro de Santa Maria da Vitória« (Kloster der heiligen Maria vom Siege) den »Claustro Real«, den königlichen Kreuzgang. Er ist im sogenannten Emanuel-Stil (oder Manuel) gebaut, ein Übergang von der Spätgotik zur Renaissance. Obwohl noch ganz der Gotik verschrieben, überdecken die manuelinischen Schmuckelemente zum Teil die Struktur. Sie verkörpern all das Fremde und Neue, das zur Zeit Manuels I. (1495–1521) durch die Entdeckungsreisen der Portugiesen ins Land kam.In Batalha sind Brunnenhaus, Kapitelsaal, Refektorium, also alles, was zum Kreuzgang gehört, noch vorhanden.
(Foto: Zodiaque)